全国卫生职业院校实验实训教学规划教材

病原生物与免疫学实验教程

主　编　秦旭军
副主编　虞春华　万清峰
编　者　（按姓氏笔画排序）
　　　　丁　岚　万清峰　马　嫚
　　　　严　瑾　杨婉玲　秦旭军
　　　　郭莹叶　梁　卉　虞春华

科学出版社
北　京

内 容 简 介

病原生物与免疫学实验是医学院校学生必须掌握的重要基本技能之一。本书共有3篇31个实验，包括医学免疫学实验7个，分别为中枢免疫器官、非特异性免疫、凝集反应、沉淀实验、免疫标记技术、豚鼠过敏反应、细胞免疫测定；医学微生物学实验18个，包括显微镜油镜的使用及保养、细菌的形态结构及运动的观察、细菌标本制作及革兰染色法、细菌培养基的制备、细菌的培养方法、细菌代谢产物的检测、微生物的分布等；人体寄生虫学实验6个，包括线虫、吸虫、绦虫、粪便内虫卵检查、医学原虫检查、医学节肢动物。

图书在版编目(CIP)数据

病原生物与免疫学实验教程／秦旭军主编 .—北京：科学出版社，2014.10

全国卫生职业院校实验实训教学规划教材

ISBN 978-7-03-041981-1

Ⅰ．病… Ⅱ．秦… Ⅲ．①病原微生物-实验-高等职业教育-教材 ②医药学-免疫学-实验-高等职业教育-教材 Ⅳ．①R37-33 ②R392-33

中国版本图书馆 CIP 数据核字（2014）第 222775 号

责任编辑：袁 琦／责任校对：张怡君

责任印制：肖 兴／封面设计：范璧合

科 学 出 版 社 出版

北京东黄城根北街 16 号

邮政编码：100717

http://www.sciencep.com

北京世汉凌云印刷有限公司 印刷

科学出版社发行 各地新华书店经销

*

2014 年 9 月第 一 版 开本：787×1092 1/16
2020 年 1 月第七次印刷 印张：9
字数：202 000

定价：36.00 元

（如有印装质量问题，我社负责调换）

前　言

　　《病原生物与免疫学》是医学基础课程重要组成之一，与临床医学各学科相互交叉和渗透，具有极其重要的意义。而病原生物与免疫学实验技术是医学院校学生必须掌握的重要的基本技能之一，病原生物与免疫学实验课程是验证理论知识的重要方法，也是理论联系实际的重要桥梁，同时也是开发学生智力及增强学生学习兴趣的重要手段，对培养学生独立工作、分析问题和解决问题的能力起着重要的作用。通过实验过程的学习和训练，使学生逐步形成严谨的科学态度、正确的思维方法和良好的学习习惯，并逐渐提高学生的动手能力，加深对医学基础的进一步理解。

　　在教学改革不断深化的新形势下，按照新的教学大纲，并根据我们多年来的教学经验，并参考多家兄弟院校的实验教学资料，我们编写了这本实验教学指导书，在编写过程中强调专家编写与审稿把关的作用，也注重调动中、青年教师的积极性。在编写过程中，充分注意到高等医学教育的办学形式，力求简单易懂。本教材供医学临床、护理、助产、医学影像、美容、药剂等专业的学生使用，同时也可供其他相关专业的学生参考使用。

　　由于时间仓促，加上我们的水平有限，书中难免存在缺点和不足之处，恳请广大师生给予批评指正，多提宝贵意见，以便今后再版时修改完善，谢谢大家。

编　者
2012 年 4 月

实验目的、实验要求及实验课中对学生的基本要求

一、实验目的及要求

病原生物与免疫学实验是病原生物与免疫学教学的重要组成部分及重要环节。通过实验课程可以使学生加深、巩固对病原生物与免疫学理论教学的理解及记忆，同时使学生理解临床上病原生物的鉴定方法、无菌及无菌操作的意义、各种传染病的诊断及防治原则。在实验课过程中，通过让学生自主设计实验的方法来开发学生的科研能力。

实验课的开展形式包括教师示教和学生设计与操作两部分组成，前者主要为验证性实验课，后者为学生操作的基本技能训练和开发学生创造性科学思维的训练。

二、实验课中对学生的基本要求

1. 在上实验课前要求学生针对性地对相应的理论课及实验课内容进行预习，了解实验课的相关内容、实验目的、理论依据、操作方法及注意事项。

2. 学生在实际操作过程中，要求学生认识到科学的严肃性、严格性及严密性。学生在实际操作过程中一定要严格按照教师的示教方法、实验指导上的相关内容，按照步骤进行操作，并认真地思考相关的问题。

3. 实验结束后一定要认真地记录实验结果。客观认真地分析实验结果，认真总结在实验中出现的问题以及应该采取的对应方法，分组讨论实验的理论依据及临床意义。培养训练学生的思维能力。正确的写出实验报告。

三、实验室规则

本课程的实验材料主要是病原生物，其中包括致病性生物。因此必须严格遵守实验室的规则，按照正确的方法进行操作，注意避免发生实验室感染。现将病原生物与免疫学实验室的基本规则介绍如下：

1. 进入实验室必须穿着工作衣、只准携带理论书、实验指导、笔记本及笔，与实验教学无关的物品（如包、食物等）不准带入实验室内。

2. 实验室内严禁吸烟及饮食，实验物品、学习用品及手尽可能不接触头面部。

3. 实验操作应严格遵照实验指导和教师的讲解和示教进行，以期获得正确的结果。

4. 实验课不准迟到，实验室内应保持安静，可以讨论问题但不得高声喧哗，不要随意走动，认真完成自己的实验。

5. 在实验过程中，如果不慎发生培养物或有传染性的材料污染桌面应立即报告老师，用2%来苏水处理半小时，然后洗净；若手上沾有活菌应立即浸泡于2%来苏水中5~10分钟再用肥皂水洗净。其他可采取相应的措施进行处理。

6. 接触过微生物的器械要及时放入装有消毒水的容器中消毒，不得放在它处，也不可在水池内冲洗，用过的玻片（示教标本除外）都要放入含有消毒液的容器内消毒处理。

7. 爱护公物，注意节约水电及实验材料。器材如有损坏，及时报告老师，进行登记，如违规操作损坏实验器材要赔偿。

8. 每次实验完毕应整理实验室，将物品放回原处或指定地点，打扫卫生，关好门窗，用清水洗手或用2%来苏水洗手。

目 录

第一篇 医学免疫学

实验一 中枢免疫器官——骨髓与胸腺 …………………………………… (1)
实验二 非特异性免疫 ……………………………………………………… (4)
实验三 凝集反应 …………………………………………………………… (7)
实验四 沉淀实验 …………………………………………………………… (12)
实验五 免疫标记技术 ……………………………………………………… (19)
实验六 豚鼠过敏反应 ……………………………………………………… (25)
实验七 细胞免疫测定 ……………………………………………………… (27)

第二篇 医学微生物学

实验八 显微镜油镜的使用及保养 ………………………………………… (33)
实验九 细菌的形态结构及运动的观察 …………………………………… (36)
实验十 细菌标本制作及革兰染色法 ……………………………………… (40)
实验十一 细菌培养基的制备 ……………………………………………… (44)
实验十二 细菌的培养方法 ………………………………………………… (48)
实验十三 细菌代谢产物的检测 …………………………………………… (53)
实验十四 微生物的分布 …………………………………………………… (57)
实验十五 物理消毒灭菌法 ………………………………………………… (59)
实验十六 皮肤微生物的分布及消毒实验 ………………………………… (65)
实验十七 药物敏感实验（纸片法） ……………………………………… (67)
实验十八 噬菌体溶菌试验 ………………………………………………… (70)
实验十九 细菌致病性 ……………………………………………………… (72)
实验二十 球菌 ……………………………………………………………… (77)
实验二十一 肠道杆菌 ……………………………………………………… (83)
实验二十二 其他细菌 ……………………………………………………… (90)

实验二十三　快速抗酸染色法 …………………………………………………（95）
实验二十四　病毒 ………………………………………………………………（98）
实验二十五　其他微生物 ………………………………………………………（101）

第三篇　人体寄生虫学

实验二十六　线虫 ………………………………………………………………（103）
实验二十七　吸虫 ………………………………………………………………（112）
实验二十八　绦虫 ………………………………………………………………（118）
实验二十九　粪便内虫卵检查 …………………………………………………（123）
实验三十　医学原虫检查 ………………………………………………………（126）
实验三十一　医学节肢动物 ……………………………………………………（133）

第一篇 医学免疫学

医学免疫学是当代临床医学学科中一个极为活跃的分支。它不仅是基础医学的重要带头学科之一，而且对临床各科都产生了重大影响。随着免疫学理论的进步，免疫学检验技术有了显著的改进和发展，它对探讨临床疾病的发病原理，诊断和防治传染病、免疫性疾病、遗传性疾病、肿瘤以及器官移植等领域具有广泛的应用价值。

免疫学检测技术分为体液免疫检测和细胞免疫检测两大类。

体液免疫检测的基本原理是根据抗原抗体在一定条件下可以特异结合所进行的免疫学检测技术。主要包括凝集反应、沉淀反应和免疫标记技术等。

细胞免疫技术的基本原理是利用各种仪器设备，检测机体内各种免疫细胞的数量、特点及功能来判断机体的免疫功能状态。

实验一 中枢免疫器官——骨髓与胸腺

一、实验目的

加深对中枢免疫器官的认识。

二、实验材料

骨髓、胸腺、法氏囊标本。

三、实验方法

注意观察各脏器的位置、形态等。

骨髓（腔上囊）：骨髓中的多能干细胞，具有非常大的分化潜能，能分化发育成不同血细胞系的定向干细胞。其中包括淋巴干细胞，淋巴干细胞形成后，一部分淋巴干细胞在骨髓的相关激素和细胞因子的作用下，经过阴性选择分化成熟为具有免疫能力的B淋巴细胞。然后进入外周免疫器官进行免疫应答（图1-1）。

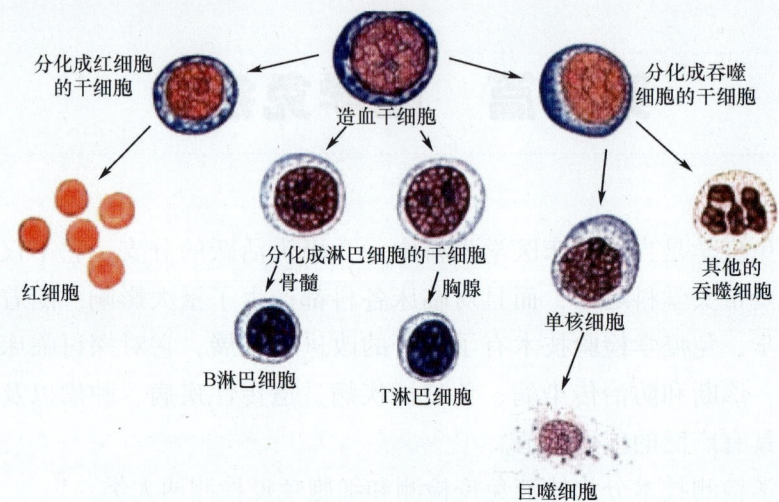

图 1-1 造血干细胞图

胸腺：胸腺位于胸骨柄的后上方，从骨髓分化出的淋巴干细胞经血流到胸腺，在胸腺所产生的多种细胞因子的作用下，经过阴性选择和阳性选择分化为具有免疫活性能力的 T 淋巴细胞（包括 CD4、CD8 细胞两大亚群），再经血流输送到淋巴结和脾等周围免疫器官，并在外周免疫器官接受抗原刺激产生免疫应答。在动物试验中，若新生动物切除胸腺，则造成动物整体免疫能力下降，常因感染而死亡（图 1-2）。

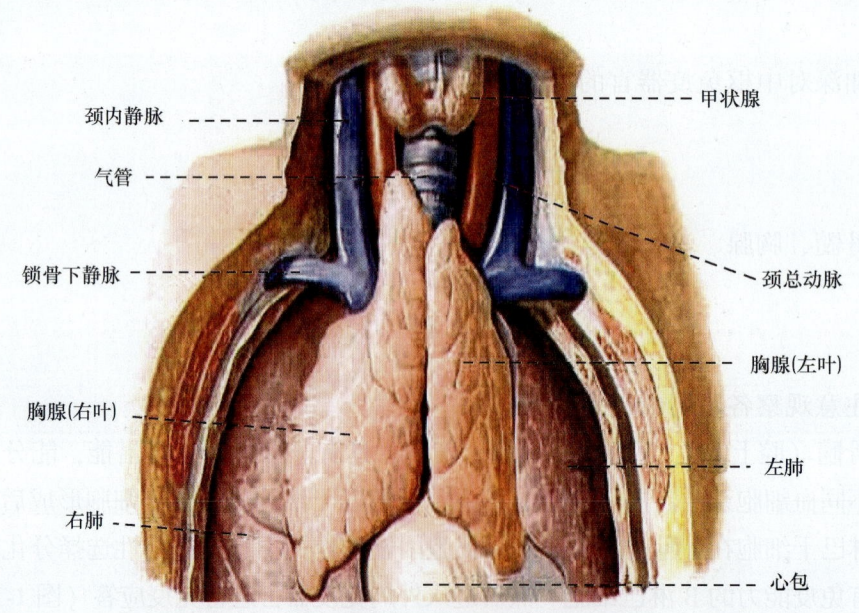

图 1-2 胸腺图

四、实验报告

胸腺和法氏囊位于何处？各有何功能？

实验二　非特异性免疫

一、溶菌酶的溶菌作用

(一) 实验目的及原理

通过溶菌酶的溶菌实验了解、熟悉溶菌酶的溶菌作用、意义。在机体内的吞噬细胞中以及机体所分泌的体液（唾液、肠液等）中存在溶菌酶，溶菌酶可以杀死病原体而防止机体被感染。

(二) 实验材料

1. 溶壁微球菌琼脂平板　称取适量琼脂，用 1/15mol/L pH 7.2 磷酸缓冲盐水配成 1.5% 浓度，隔水煮沸溶解分装成 30ml 1 瓶。待凉至 55℃ 左右倒入敏感菌液（27 亿/ml）0.3ml 于烧杯中，充分混匀，倒入平板。
2. 溶菌酶　标准溶菌酶（10μl/ml）、新鲜鸡蛋清（1∶100）、唾液。
3. 其他　无菌打孔器（直径 8mm）、无菌毛细吸管、生理盐水等。

(三) 实验方法

1. 打孔　用打孔器在溶壁微球菌琼脂平板上打孔若干个，孔间距 15~20mm 左右。
2. 加样　用毛细吸管分别吸取唾液（新鲜收集盛于洁净无菌容器内）、标准溶菌酶、鸡蛋清和生理盐水加入各孔中，每孔分别加 3~4 滴。
3. 反应　置 37℃ 温箱培养 15~18h。
4. 结果　观察并记录小孔周围溶菌酶圈的情况（图 1-3）。溶菌圈大小与溶菌酶的量成正比。

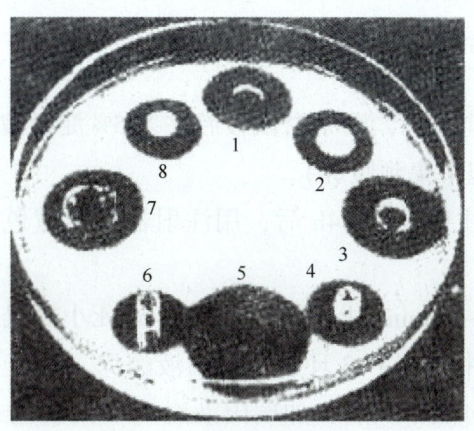

图 1-3　溶菌酶溶菌作用图

（四）实验报告

记录并分析实验结果。

二、吞噬细胞的吞噬作用

（一）实验目的及原理

学习做白细胞吞噬杀菌实验。吞噬细胞具有强大的吞噬细菌的功能，可以将吞噬的细菌杀死、消化并溶解，本实验可以验证中性粒细胞所具有的吞噬功能。了解实验的操作流程并记录实验结果。

（二）实验材料

1. 动物　小白鼠。
2. 菌种　金黄色葡萄球菌。
3. 试剂　5%淀粉溶液、瑞氏染液、75%酒精。
4. 其他　灭菌注射器及针头、小白鼠解剖用具（手术剪、镊子、图钉、垫板）、玻片、接种环、显微镜、香柏油、二甲苯、擦镜纸。

（三）实验方法

1. 致敏　实验前一天，给小白鼠腹腔注射5%淀粉液1ml（目的是趋化吞噬细胞，使吞噬细胞聚集到腹腔）。

2. 注射细菌　注射淀粉24h后，用注射器吸金黄色葡萄球菌菌液0.5ml注射入小白鼠腹腔。

3. 解剖　经12~15min，以颈椎脱臼法，处死小白鼠，并解剖打开腹腔。

4. 制片　用接种环取2~3环腹腔渗出液涂片。

5. 染色　涂片自然干燥后，加瑞氏染液1~2滴染色1min，再加等量的蒸馏水与液混合，继续染5min，水洗沥干。

6. 观察　用油镜观察吞噬细胞（中性粒细胞）吞噬细菌现象（图1-4）。

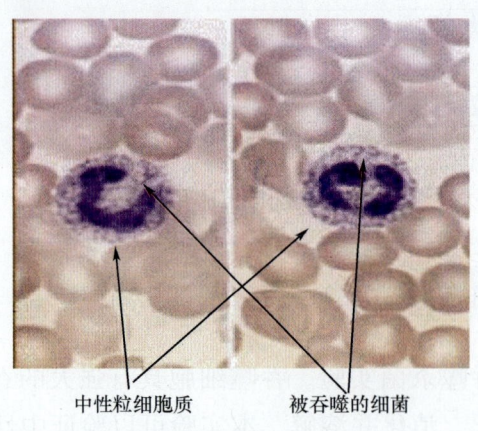

中性粒细胞质　　被吞噬的细菌

图1-4　吞噬细胞吞噬图

（四）实验报告

1. 解剖小白鼠打开腹腔时要避免出血（为什么）？
2. 掌握腹腔注射方法？
3. 绘出吞噬细胞吞噬细菌的现象。

实验三　凝集反应

抗原抗体结合具有高度的特异性，所以我们可以用已知的抗体或抗原检测未知的抗原或抗体。实验的基本原理是颗粒性抗原（如细菌等）与抗体在一定的条件下特异性结合出现肉眼可见的凝集现象称凝集反应。此方法可用于临床疾病的辅助诊断。

一、玻片凝集反应（用于细菌鉴定——既定性实验）

（一）实验目的及原理

学会玻片凝集实验鉴定细菌，观察细菌在载玻片上与其相应的抗体结合所出现的细菌凝集现象，理解抗原抗体反应的特异性，仔细观察实验结果并记录观察报告。

（二）实验材料

1. 诊断血清　1∶10 倍稀释伤寒诊断血清或 1∶10 倍稀释痢疾杆菌诊断血清。
2. 菌种　伤寒杆菌和痢疾杆菌 18~24h 琼脂斜面培养物。
3. 其他　生理盐水、玻片、接种环、酒精灯、记号笔、消毒缸。

（三）实验方法

1. 准备玻片　取洁净的玻片 1 张，用蜡笔分成两格，用接种环以无菌操作方式蘸取诊断血清 2~3 环（或者用吸管吸取诊断血清 1 小滴），同样再取生理盐水 2~3 环，分置玻片两侧。
2. 混匀细菌　取适量被检细菌，先在生理盐水小格内混匀，再取此悬液与诊断血清混匀，另用生理盐水做对照。
3. 摇动玻片　在适宜温度下摇动玻片，经数分钟后观察结果。

笔　记　栏

4. 结果　如格内出现乳白色凝集块，液体变清，即为阳性反应。如结果不清晰，可将玻片放于显微镜下用低倍镜观察。无凝集块出现，液体仍然混浊即为阴性。玻片凝集反应结果如图1-5。

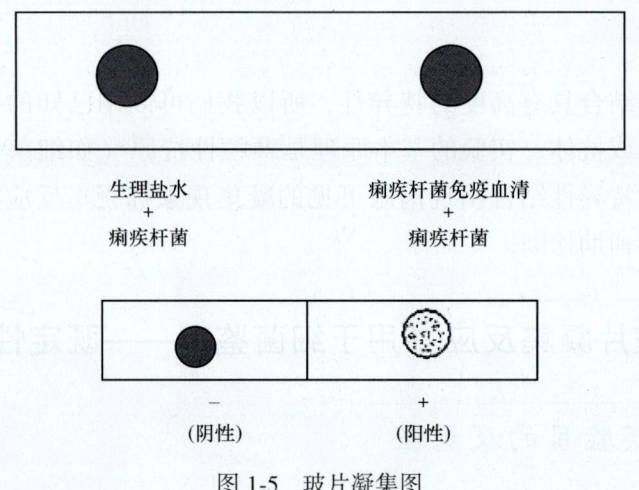

图1-5　玻片凝集图

注意：记录结果后，将玻片放入含有消毒剂的指定容器内，不准任意放置或用自来水冲洗。

（四）实验报告

记录并分析实验结果。

二、试管凝集反应（血清抗体检测——血清抗体半定量实验）

（一）实验目的及原理

学习试管凝集实验的操作方法、结果观察并写出实验报告。此实验的基本原理是当机体感染某病原体后，机体内会产生相应的抗体，而且机体在感染期间抗体会持续升高，通过检测抗体的变化情况可以辅助诊断相应的疾病。

（二）实验材料

1. 诊断血清　1∶20倍稀释伤寒杆菌诊断血清。

2. 菌液　伤寒杆菌菌液（已灭活）。

3. 其他　生理盐水、试管、吸管、试管架等。

（三）实验方法

1. 排试管　取洁净小试管 7 支，排列于试管架上并做好标记。

2. 加生理盐水　用 5ml 吸管吸取生理盐水，除第 1 管外，各管加入生理盐水 0.5ml。

3. 加血清　用 1ml 吸管吸取 1:10 稀释的伤寒杆菌免疫血清 1ml，加入第 1 管和第 2 管各 0.5ml，然后于第 2 管吹吸 3 次，使血清与生理盐水充分摇匀，再吸取出 0.5ml 加入第 3 管，如此依次稀释到第 6 管，自第 6 管吸出 0.5ml 弃去。第 7 管不加血清只加生理盐水作为对照。此时第 1 至第 6 管稀释倍数分别为 1:10，1:20，1:40，1:80，1:160，1:320。

4. 加菌液　再用 5ml 吸管吸取伤寒菌液，分别向各管（包括第 7 管）0.5ml 混合，此时每管稀释倍数又增加 1 倍（表 1-1）。

表 1-1　试管凝集

试管号	1	2	3	4	5	6	7（对照）
生理盐水（ml）	0.9	0.5	0.5	0.5	0.5	0.5	0.5
待检血清（ml）	0.1	0.5	0.5	0.5	0.5	0.5 弃0.5	-
伤寒菌液（ml）	0.5	0.5	0.5	0.5	0.5	0.5	0.5
血清稀释度	1:20	1:40	1:80	1:160	1:320	1:640	-
	37℃温箱放置 30 分钟						
结果判定	++++	++++	+++	++	+	-	-

5. 振荡试管架使管内菌液与液体充分混匀，置 37℃温箱中过夜，第二天观察结果。

（四）实验结果

取出试管，先勿振动试管，首先观察生理盐水对照管，正确结果是管底沉淀物呈圆形边缘整齐，轻轻振荡，细菌分散呈均匀混浊，即未出现凝集现象（图 1-6），此沉淀现象是细菌悬液静置时因重力作用自然下沉形成的。若出现了对照管出现非特异性凝集现象，则本次实验无效。观察试管应自第 1

管看起，根据凝集反应的程度，分别以下列记号表示（表1-2）。

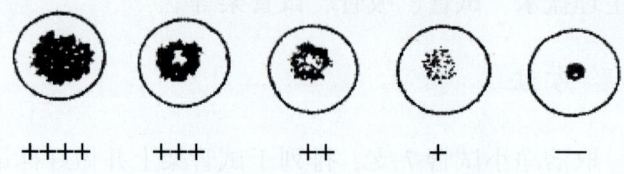

图1-6 试管凝集反应结果观察示意图

表1-2 试管凝集结果表

凝集物	上清液	凝集程度
全部凝集	澄清	++++（最强凝集）
大部分凝集	基本透明	+++（强凝集）
有明显凝集	半透明	++（中度凝集）
很少凝集	基本混浊	+（弱凝集）
不凝集	混浊	—（不凝集）

凝集效价的判断：在实验管中发生眼可见的明显凝集（既"++"）的血清最高稀释度为该被检血清的凝集效价（滴度）。

（五）实验报告

记录并分析实验结果。

三、间接凝集抑制实验（妊娠实验——尿中绒毛膜促性腺激素HCG检测）

（一）实验目的及原理

通过间接凝集抑制实验的基本操作过程，了解间接凝集抑制实验的原理、方法和应用。怀孕初期，孕妇体内HCG会升高而从尿排出，通过检测尿中HCG可以判断是否怀孕。此实验的基本原理是先将已知的某抗原（如HCG）吸附于乳胶颗粒表面，将待测标本先与已知的抗体（抗HCG抗体）作用，如果待测标本中有相应的抗原（HCG），则抗原与已知的抗体结合，当加入已吸附抗原（HCG）的乳胶颗粒后，因为没有游离的抗体，吸附了抗原的乳胶颗粒不出现凝集现象，既为阳性。反之则为阴性（图1-7）。

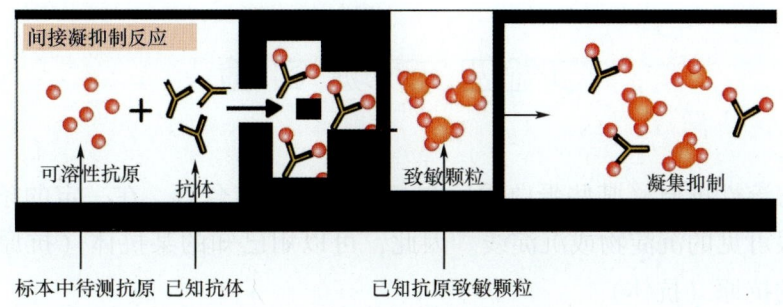

图1-7　间接凝集抑制实验示意图

（二）实验材料

1. 抗原　致敏乳胶（吸附HCG的乳胶颗粒）。
2. 抗体　抗HCG抗体。
3. 标本　孕妇尿、非孕妇尿。
4. 其他　凹玻片，吸管等。

（三）实验方法

1. 标记　取黑色背面凹玻片1张并作标记笔标记。
2. 加样

（1）分别加被检孕妇和非孕妇尿1滴于凹玻片上两凹窝内，然后各加HCG血清1滴，直接摇匀反应2~3min。

（2）各加致敏乳胶HCG抗原于上述液体内。

3. 反应　充分摇动混匀，2~3min后看结果。
4. 结果　出现明显的、均匀一致的凝集颗粒者为阴性（非孕妇尿），未见上述现象仍保持乳液状者为阳性（孕妇尿）。

注意事项：①应充分摇匀，妊娠试验中尿与抗HCG血清反应要充分。②学会观察结果：凝集颗粒在液体的边缘比较明显。③加试剂应注意顺序。

（四）实验报告

记录并分析实验结果。

实验四 沉淀实验

当可溶性抗原（某些蛋白质）与相应的抗体结合后，在一定的条件下可形成肉眼可见的沉淀物或沉淀线。因此，可以用已知的某抗体（抗原）检测相对应的抗原（抗体）。

一、双向琼脂扩散实验——查甲胎球蛋白

（一）实验目的及原理

学习双向扩散实验（抗原、抗体可任选），并学会观察实验结果。双向琼脂扩散实验常用于定性检测，也可用于半定量检测。实验的基本原理是将抗原与抗体分别加入琼脂凝胶板上相邻近的小孔内，使双方向自由扩散。当两者在最适比例处相遇时，即形成肉眼可见的一条清晰的沉淀线。根据是否出现沉淀线，可用已知的抗体鉴定未知的抗原，或用已知的抗原鉴定未知的抗体。此次实验是用双向扩散实验检测甲胎球蛋白（AFP），可用为原发性肝癌的辅助诊断方法。

（二）实验材料

1. 标本　待检血清。
2. 抗体　AFP 诊断血清。
3. 其他　1.25% 琼脂（用生理盐水配制）、玻片、打孔器、吸管。

（三）实验方法

1. 制板　取 1.25% 琼脂 4ml 加热溶解后，倾于一洁净载玻片上，制成 3mm 厚度的琼脂薄板。
2. 打孔　冷却后打孔，孔径 4mm、孔距 5mm，并以同样浓度的琼脂封孔底（图 1-8）。

实验四 沉淀实验

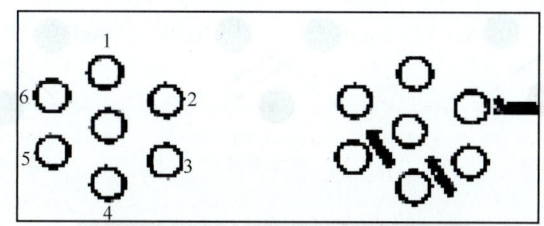

图 1-8 双向琼脂扩散实验梅花孔

3. 加样　用毛细滴管将已知抗体加入中央孔，将标准已知抗原加入 1、4 孔，待检患者血清分别加 2、3、5、6 孔。

4. 反应　将加样后的琼脂板放入湿盒内，置 37℃ 恒温箱中扩散，24～48h 后观察结果（图 1-9）。

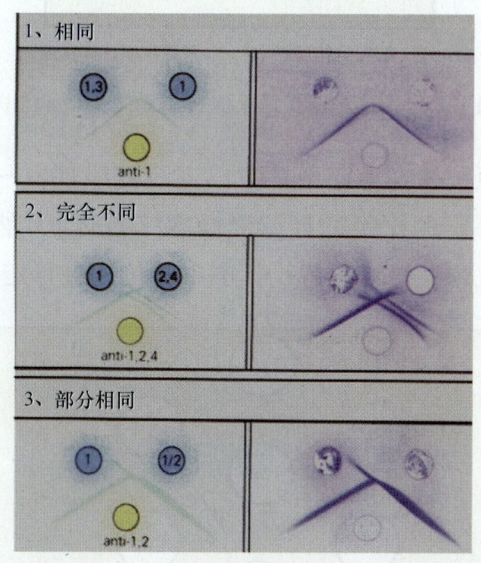

图 1-9 双向琼脂扩散结果图

5. 结果　观察有无抗原抗体白色沉淀线产生，若待测标本和已知抗体产生的白色沉淀线并与已知标准抗原与抗体所产生的白色沉淀线连接吻合线，则表示此患者血清 AFP 阳性，如待检患者血清与抗体无沉淀线产生或产生的沉淀线或与已知标准抗原的沉淀线交叉，则表示该患者血清 AFP 阴性（图 1-10）。

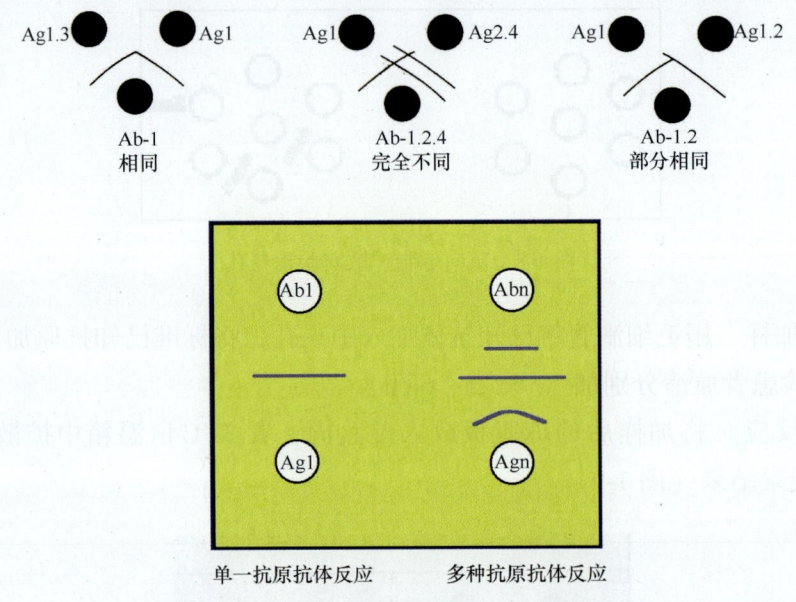

图 1-10 双向琼脂扩散实验抗原系统分析示意图

此外，根据抗原抗体在琼脂中扩散出现沉淀线现象与抗原抗体比例关系密切，我们可以按一定的比例稀释待测标本（抗体），然后加入梅花孔，梅花孔中心孔加已知抗原，可以对待没标本中的抗体进行定量分析（图 1-11）。

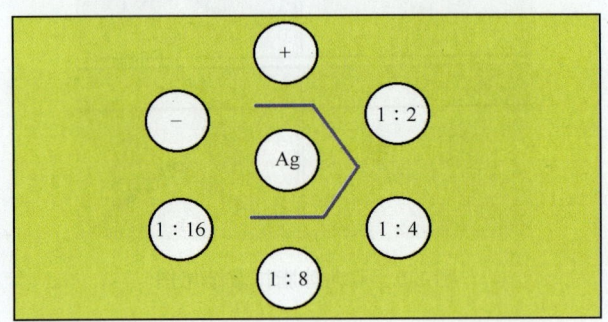

图 1-11 琼脂双向扩散梅花孔定量分析示意图

（四）实验报告

记录并分析实验结果。

二、单向琼脂扩散实验——测人血清 IgG

(一) 实验目的及原理

学习单向扩散实验的基本操作方法、结果观察。单向琼脂扩散实验的基本原理是将某已知抗体均匀混合于琼脂凝胶内，制板打孔，加入待测标本。如果待测标本中有相应的抗原，则标本中的抗原可向四周扩散，在扩散过程中与凝胶内的抗体相遇，在抗原抗体比例合适处形成肉眼可见的白色沉淀环。通过测量沉淀环的直径可以计算出相应被测标本中抗原的含量（沉淀环直径与抗原含量成正比）。

(二) 实验材料

1. 诊断血清　兔抗人 IgG（或羊抗人 IgG）。
2. 标本　待测血清标本。
3. 其他　琼脂、缓冲液、0.1g/L 硫柳汞生理盐水（防腐）、玻璃板、电工开口框（凹形）、铁夹、试管、移液管、微量加样器、打孔器、挑针等。

(三) 实验方法

1. 制备含抗 IgG 抗体的琼脂板　取预定的效价的兔抗人 IgG 血清，将抗血清稀释后于预先溶化的琼脂（琼脂最终浓度为 1.5%）在 56℃ 水浴中混匀，取 4mm 浇于载玻片上，制成厚度 2~3mm 的琼脂板，待琼脂凝固后，用打孔器在免疫板上打孔，孔径 3mm，孔距 5~8mm。琼脂孔要求圆整、光滑并封底。

2. 加样

①标准曲线制备：将标准抗原用 0.5ml 蒸馏水溶解后稀释成不同浓度，再各取 10μl 加于琼脂板的各孔内（标准曲线孔）。

②标本检测：将待测血清用生理盐水稀释成 1∶50，用微量加样器准确吸取 10μl，按编号顺序加入各琼脂孔内。

（四）结果观察

将加好样品的琼脂板平放在湿盒内，置 37℃温箱中进行扩散，24h 后取出观察结果。精确测量各试验孔的直径，如沉淀环不圆，则取最大直径和最小直径的平均值，以各稀释度工作标准的沉淀环直径为横坐标，以相应孔中抗原的含量为纵坐标，在半对数纸上绘制标准曲线。测定待测标本出现的沉淀环的直径，然后从标准曲线上可查得待检标本中相应抗原的含量，乘以稀释倍数，即可得出待检标本中相应抗原的实际含量（图 1-12、图 1-13）。

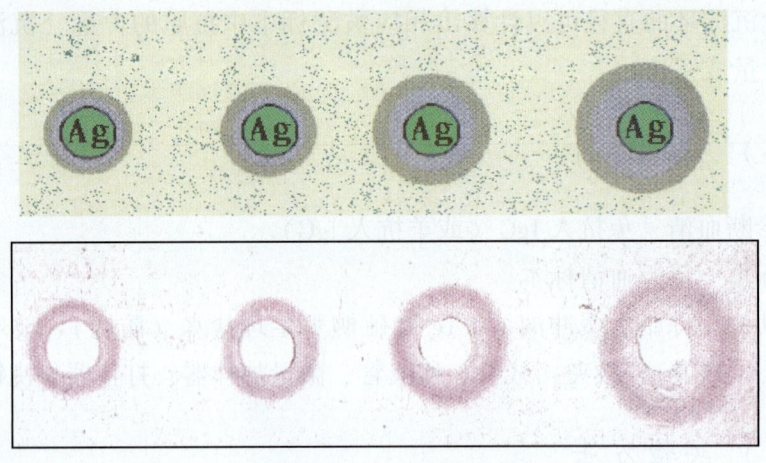

图 1-12　单向琼脂扩散实验图

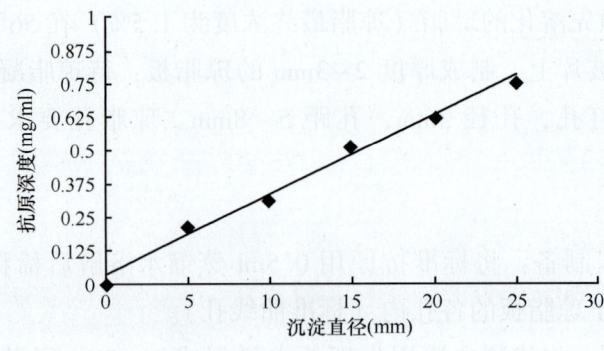

图 1-13　单向琼脂扩散结果分析曲线图

（五）实验报告

记录并分析实验结果。

三、对流免疫电泳——测甲胎球蛋白（AFP）

（一）实验目的及原理

学习对流免疫电泳实验的基本操作方法及意义，学会结果观察及分析。此实验的基本原理是在一定条件下（pH 8.6）胶体性抗原带负电荷多、分子小，在电场中带负电荷的抗原向正极移动快。而抗体的等电点在pH6~7左右，带负电荷少，同时分子较大，故移动速度慢，在电渗的作用下反而向阴极方向倒退，所以在对流电泳时将抗体加到靠阳极端，抗原回到阴极端，于是抗原抗体在电场中相遇而结合，在比例合适时在琼脂凝胶中出现肉眼可见的白色沉淀线为阳性。现以检查患者血清中 AFP 为例，了解对流免疫电泳的基本方法、原理及其特点。

（二）实验材料

1. 标本　待检患者血清。
2. 已知抗体　已知抗 AFP 阳性血清、抗 AFP 阴性血清。
3. 其他　0.05mol/L pH 8.6 巴比妥缓冲液、玻片、打孔器、模板、毛细滴管、吸管、纱布、电泳仪。

（三）实验方法

1. 制板　取加热溶化的 1.25% 缓冲琼脂 4ml 倾倒于载玻片上，制成 3~4mm 左右厚度的琼脂凝胶片。
2. 打孔　冷却后打孔，孔径 4mm，孔距 4~6mm，孔底用少量琼脂墙封底。
3. 加样　用毛细滴管按抗原、抗体位置（抗体加阳极端、抗原加阴极端）加入待检血清和抗血清，每孔 10μl（图 1-14）。

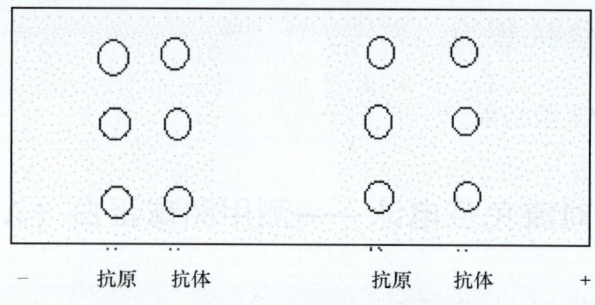

图 1-14 对流免疫电泳加样示意图

4. 电泳　先在电泳槽内加 0.05mol/L pH 8.6 巴比妥钠缓冲液达槽高 2/3 高度即可，注意两槽内液面尽量保持同等水平。将已加样的琼脂放入电泳槽内，抗原孔接负极端，抗体接正极端，用两层纱布或滤纸搭盐桥。接通电源（电泳条件，每厘米反应板宽度电流 3mA。如用电压计量，每厘米反应板需 4~5V，从两端液面开始计算）。45~60min 后停止电泳。

5. 结果　取出玻片观察抗原、抗体之间是否有沉淀线的产生。若两孔之间有清晰的沉淀线即为 AFP 检测阳性，若两孔之间无沉淀线即为 AFP 检测阴性。

（四）实验报告

记录并分析实验结果。

实验五　免疫标记技术

一、酶联免疫吸附实验（ELISA）——查乙型肝炎病毒表面抗原（HBsAg）

酶联免疫吸附实验有多种类型，常用的有间接法、夹心法和竞争法等，虽然原理不尽相同，但许多实验特点和影响因素基本一样。本次实验是以双抗体夹心法测 HBsAg 为例介绍 ELISA 实验。

（一）实验目的及原理

规范地完成 ELISA 夹心法检测 HBsAg 全过程，并学会实验结果的观察及完成实验报告，了解 ELISA 实验的基本原理及意义。此实验的基本原理是将已知的乙型肝炎病毒表面抗原的抗体（HBsAb）结合到固相载体上，当加入阳性标本后，标本中的 HBsAg 与固相载体上的 HBsAb 结合而固定，再加入酶标 HBsAb，酶标 HBsAb 与被固相载体上的被 HBsAb 固定了的 HBsAg 结合而固定。洗涤后加入底物和显色剂，在酶的作用下显色剂显色为阳性（图 1-15）。

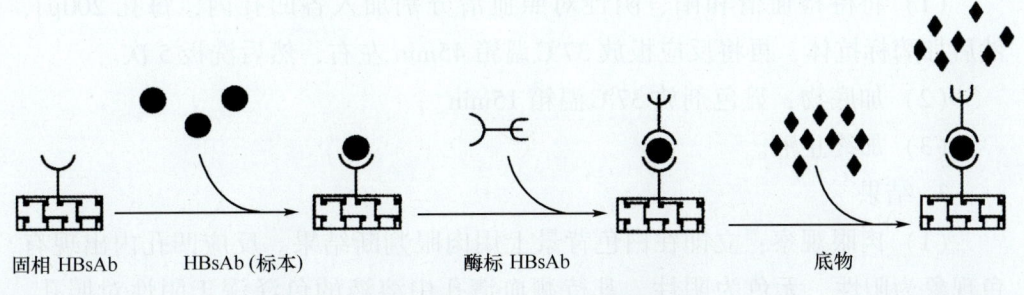

图 1-15　ELISA 双抗体夹心法示意图

（二）实验材料

试剂盒（由供应商提供）内一般包括：

1. 塑料凹孔板。
2. 抗 HBs 为单克隆抗体，包被用。
3. 包被缓冲液。
4. HBsAg 阴性对照血清。
5. HBsAg 阳性对照血清。
6. 酶标抗 HBs。
7. 清洗液。
8. 底物溶液。
9. 显色剂。
10. 终止液。
11. 待测血清。
12. 酶标仪。

上述各材料因不同供应商提供的试剂盒有所差别，或增或减。如目前多采用的快速 ELISA 法检测 HBsAg 试剂盒，直接提供了已包被抗 HBs 的塑料凹孔板，就不需要前述材料中的 1、2、3 项，而是合三为一了。

（三）实验方法

1. 包被 包被即把抗 HBs 吸附在塑料板凹孔的表面，使抗体固相化（由厂商提供）。

2. 加样

（1）将待检血清和阳、阴性对照血清分别加入各凹孔内，每孔 200μl，然后加酶标抗体，再将反应板放 37℃ 温箱 45min 左右，然后洗板 5 次。

（2）加底物，显色剂放 37℃ 温箱 15min。

（3）加终止液。

3. 结果

（1）肉眼观察：立即在白色背景上用肉眼判断结果。反应凹孔内出现有色现象为阳性，无色为阴性。凡待测血清孔中溶液的色泽深于阴性对照孔，即可判为阳性。

（2）使用酶标仪测定结果（图 1-16）。

（注：不同供应商提供的试剂盒在加样顺序、反应板放置时间及洗板次数等有所不同，以试剂盒说明书为准。）

图 1-16　酶标仪

（四）实验报告

记录并分析实验结果。

二、荧光免疫显微技术间接法——检测抗核抗体（antinuclear antibody，ANA）

荧光免疫技术是以荧光物质标记的特异性抗体或抗原作为标准试剂，用于相应抗原或抗体的分析鉴定或定量测定。荧光免疫技术包括荧光抗体染色技术和荧光免疫测定两大类，荧光抗体染色技术是用荧光抗体对细胞、组织切片或其他标本中的抗原进行鉴定和定位检测，此技术可在荧光显微镜下直接观察结果，所以又称为荧光免疫显微技术。也可以用流式细胞仪进行自动检测，称为流式荧光免疫技术。荧光免疫测定主要有时间分辨荧光免疫测定和荧光偏振免疫测定等。本次实验是以荧光免疫显微技术间接法检测 ANA 进行的免疫荧光检测实验。

（一）实验目的及原理

本实验的基本原理是以小鼠肝细胞或某些组织细胞作抗原片，将待测血清加到抗原片上，如果血清中有 ANA，就会与抗原片上的细胞核成分特异性结合。加入荧光素标记的抗人 IgG 抗体又可以与 ANA 结合，在荧光显微镜下可见抗原片部位呈现荧光现象。本次实验的目的是使学生了解荧光免疫显微技术间接法检测抗核抗体（ANA）方法、原理，并注意观察试验结果。

（二）实验材料

1. 抗原片　检测抗核抗体所采用的核抗原片有以下几种，可根据实验室条件选用（现多由厂商供应）。

（1）鼠肝匀浆涂片。

（2）鼠肝压印片。

（3）组织培养细胞涂片。

2. 荧光标记抗体　异硫氰酸荧光素（FITC）标记的抗人IgG抗体（FITC-抗人IgG抗体），有商品供应，使用时按说明书指导使用。

3. 0.85%生理盐水，稀释待检血清用。

4. pH 7.2　0.01mol/L磷酸盐缓冲液（PBS）。

5. 待测血清。

6. 阳性对照血清及阴性对照血清。

7. 其他　荧光显微镜、温箱、有盖湿盒（内置湿纱布）、染色缸（内装PBS，分别标记1，2，3）、吸管、试管等。

（三）实验方法

1. 稀释标本　用生理盐水将待测血清作1∶10稀释。

2. 加样　选择上述抗原片中的任一种，用滴管加1滴1∶10稀释待测血清于抗原片的涂膜上，同时将阳性和阴性对照血清分别加在另外2张抗原片上。置湿盒内37℃存放30min。让血清中抗核抗体与抗原上核抗原充分反应。

3. 浸洗　用细流动水洗去未结合的血清，放PBS 1号、2号、3号缸中浸洗，每次5min，然后吹干。

4. 加荧光标记抗人IgG（FITC-抗人IgG抗体）　滴加1滴经适当稀释的荧光标记抗人IgG，使其覆盖膜上，将玻片放入湿盒内，37℃保温30min。

5. 浸洗　用磷酸盐缓冲液洗5min。吸干水分，晾干。

6. 检查　滴加缓冲甘油封片，荧光显微镜检查，一般要求在1h内完成（图1-17）。

（四）实验报告

记录并分析实验结果。

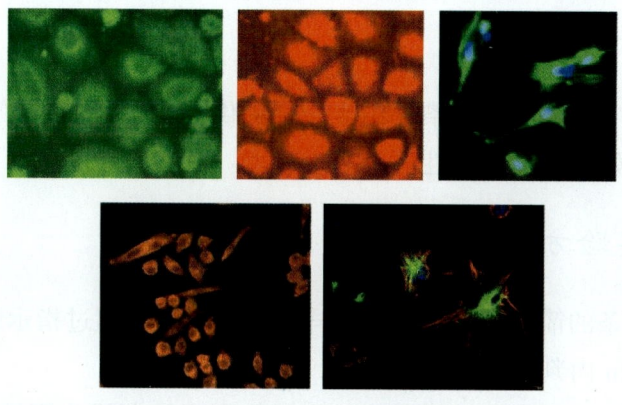

图 1-17　荧光抗体检测结果图

三、斑点金免疫层析实验（一步金法）——测绒毛膜促性腺激素（HCG）诊断妊娠

免疫胶体金技术（immunological colloidal gold signature，ICS）是以硝酸纤维薄膜为载体吸附抗原或抗体，以胶体金代替酶标记抗体或抗原的免疫标记技术。目前斑点金免疫层析实验（又称一步金法）是临床上应用最广泛免疫标记实验之一。

（一）实验目的及原理

学会胶体金法测 HCG 实验的基本原理、方法及结果观察。斑点金免疫层析实验测 HCG 的基本原理是在玻璃纤维素膜上预包被金标鼠抗人 HCG 单克隆抗体（Au-McAb1）。硝酸纤维素膜上的检测线和对照上分别包被羊抗人 HCG 单克隆抗体（McAb2）和羊抗鼠 IgG 单克隆抗体（GXM-IgG）。检测时，尿液中的 HCG 可与胶体金-抗体结合形成复合物（Au-McAb1-HCG），由于层析作用复合物沿膜条向前移动，在检测线位置与预包被的抗体结合形成（Au-McAb1-HCG-McAb2）夹心物而凝聚显一条红色线，同时在对照线位置上也形成（HCG-Au-McAb1-GXM-IgG）复合物凝聚显另一条红色线，既出现二条红线阳性标本；则只在对照线形成（Au-McAb1-GXM-IgG）复合物凝聚显一条红色线为阴性，既出现一条红为阴性。

（二）实验材料

1. 试纸条　胶体金试纸条（由生产商提供）。
2. 标本　妊娠阳性及阴性尿。

（三）实验方法

1. 将试带条的箭头端向下插入尿样中，液面不得超过指示线。
2. 在 30min 内判读结果。
3. 结果观察　在检测区和对照区位置都出现红色线为阳性，只在对照区位置出现一条红色线为阴性。以上两种情况中，如果在对照线中不出现红线则此次实验无效（图 1-18）。

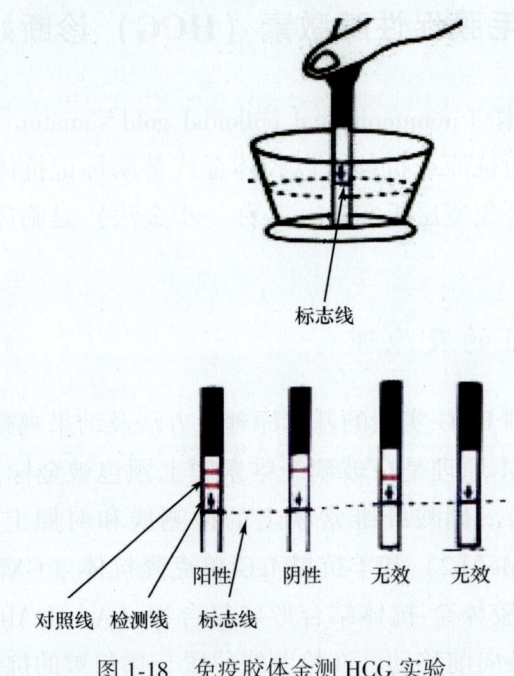

图 1-18　免疫胶体金测 HCG 实验

（四）实验报告

记录并分析实验结果。

实验六　豚鼠过敏反应

超敏反应（hypersensitivity）是指已被某抗原致敏的动物在再次接触相同的抗原的刺激时，所引起的以生理功能紊乱、组织损伤为主的异常的适应性免疫应答。

一、实验目的及原理

熟悉动物过敏反应的原理、方法、结果及意义。Ⅰ型超敏反应是临床上最常见超敏反应。本实验是通过使用马血清致敏豚鼠，当豚鼠被致敏后 2~3 周后再次注入马血清引起豚鼠发生Ⅰ型超敏反应——过敏性休克。而如果第二次注入的是鸡蛋清，与第一次射的抗原不同，则不引起Ⅰ超敏反应。

二、实　验　材　料

1. 豚鼠　150g 标准体重健康豚鼠。
2. 抗原　马血清、鸡蛋清。
3. 其他　无菌注射器、针头、75%酒精、棉球。

三、试　验　方　法

1. 致敏　取健康豚鼠 2 只，腹腔注射 1∶10 稀释的马血清 0.1ml，使其建立致敏状态。
2. 发敏　2~3 周后，任取上述豚鼠其中 1 只，心脏内注射马血清 2ml。另 1 只豚鼠心脏内注射鸡蛋清 2ml。（注：注射方法要正确，血清用量要准确。）
3. 结果　注射后，密切观察有无过敏反应出现。如数分钟内豚鼠出现兴奋不安、抓鼻、耸毛、咳嗽、喷嚏等现象，继之发生气急及呼吸困难，痉挛性跳跃，大小便失禁，站立不稳，倒地挣扎而死。将死亡豚鼠解剖，可见肺脏极度气胀，充满整个胸腔。既成功引导动物发生Ⅰ型超敏反应。而注射鸡蛋清的豚鼠不出现任何反应。

四、实验报告

记录并分析实验结果。

实验七　细胞免疫测定

检测免疫细胞的数量及功能是测定机体免疫功能状态的重要指标，并有助于某些疾病（如肿瘤）的诊断、疗效观察及预后分析。

一、E（erythrocyte，E）花环实验——检测 T 淋巴细胞

（一）实验目的及原理

学习 E 花环（E 玫瑰花瓣）实验，了解其操作过程、观察并分析实验结果。T 淋巴细胞是具有多功能的细胞群，此次实验的基本原理是根据 T 淋巴细胞表面等有 CD2 分子，CD2 分子具有与绵羊红细胞（SRBC）结合起来的特点，又称 SRBC 的受体，因此人的外周血 T 淋巴细胞与 SRBC 在一定条件下结合形成以 T 淋巴细胞为中心，外周围围一圈绵羊红细胞的花环（E 花环）。通过计算 E 花环细胞的数量和未出现 E 花环细胞的比值，可以测出 T 细胞在外周血中淋巴细胞的比例，正常值为 60%~80%。

（二）实验材料

1. 血液　抗凝人外周血 1ml。
2. 绵羊红细胞　0.5%SRBC 悬液。
3. 经 SRBC 吸收灭活的新生小牛血清（NBS）　取无菌的 NBS 置 56℃水浴经 30min 灭活；取已灭活的 NBS，加入经洗涤后的压积 SRBC，混匀后置 37℃温箱 30min，离心沉淀，吸取上层血清即成。
4. 其他　淋巴细胞分层液 2ml、Hanks 液、血球计数板、尖吸管、载玻片、瑞氏染液、显微镜等。

（三）实验方法

1. 细胞悬液的制备

（1）取肝素抗凝血 1ml 加 1ml Hanks 液，混匀后用尖吸管将其加在 2ml

分层液上。

（2）离心 2000rpm 30min，用尖吸管取血浆与分层液界面处富含淋巴细胞的悬液置于另一洁净试管中（图1-19）。

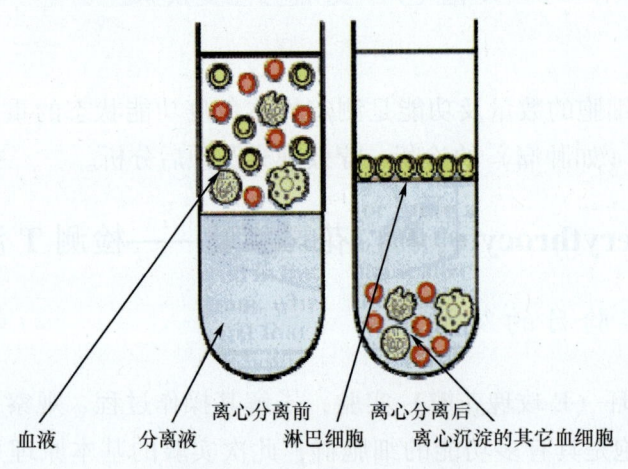

图 1-19　淋巴细胞分离示意图

（3）用 Hanks 液以 1000rpm 离心 10min 洗细胞 2 次，未次弃上清再加入 Hanks 液 1ml，混匀，用微量加样器吸取 0.2ml 加于 0.38ml 白细胞计数液中，在血球计数板上于低倍镜下计数，并根据下列公式算出每毫升细胞数。

细胞数/ml＝4 个大方格细胞的总数/4×10^4×20（稀释倍数）

然后用 Hanks 液配制成 10^7/ml 细胞悬液。

2. E 花环的形成　取 10^7/ml 细胞悬液 0.1ml 加 0.1ml 经 SRBC 吸收和灭活的 NBS，再加 0.2ml 0.5% SRBC 悬液，混匀，放 37℃ 温箱 5min，然后放 4℃ 冰箱 2h 或过夜。

3. 制片、染色　取出试管，轻轻使沉淀的细胞悬浮，用尖吸管取出 1 滴置于载玻片上，盖上已滴加瑞氏染液的盖玻片。

4. 镜检、计数　高倍镜下观察，计数 200 个淋巴细胞，凡结合 3 个 SRBC 以上者为 E 玫瑰花环阳性细胞，求出百分率即为 T 细胞百分比。正常值为 (69±9.9)%（图1-20）。

实验七 细胞免疫测定 29

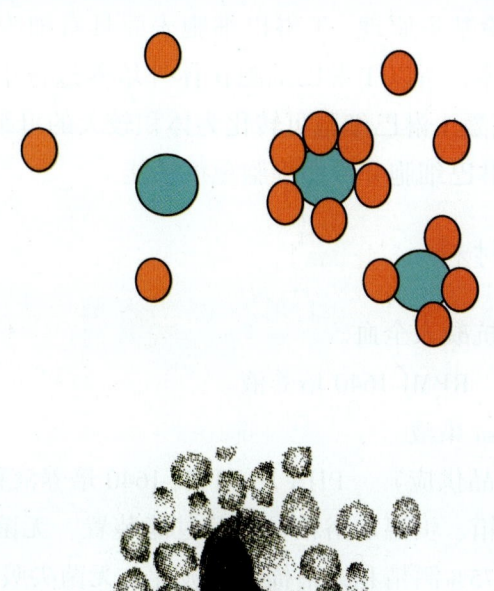

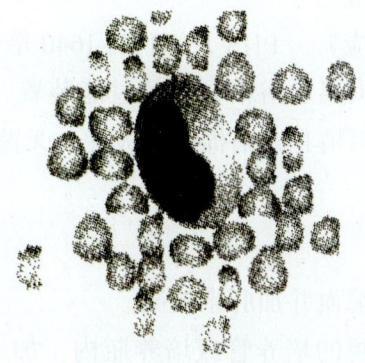

图 1-20 E 花环图

(四) 实验报告

记录并分析实验结果。

二、T 淋巴细胞转化实验——T 细胞数量及功能检测

T 淋巴细胞是一群具有多功能的细胞群，包括 CD4 淋巴细胞和 CD8 淋巴细胞，参与机体的适应性免疫应答（体液免疫和细胞免疫）以及固有免疫应答。T 淋巴细胞转化实验可以检测机体的免疫功能状态。

(一) 实验目的及原理

学习 T 淋巴细胞转化实验的基本操作过程、观察及分析实验结果，写出实验报告。本次实验基本原理。T 淋巴细胞表面具有细胞有丝分裂原植物血凝素（PHA）的受体，所以 T 淋巴细胞在体外培养过程中，如在培养液中加入 PHA，受 PHA 刺激 T 淋巴细胞可转化为体积较大的母细胞。这种转化能力可以反映机体的 T 淋巴细胞介导的细胞免疫功能。

（二）实验材料

1. 标本　肝素抗凝人全血。
2. 细胞培养基　RPMI-1640 培养液。
3. 染液　Giemsa 染液。
4. PHA（有商品供应）　PHA 用 RPMI-1640 培养液稀释成 1000μ/ml。
5. 其他　培养箱、恒温水浴箱、无菌过滤装置、无菌 5ml 注射器及 7 号针头、2.5%碘酒、75%酒精和无菌棉签、玻片、无菌尖吸管等。

（三）试验方法

1. 采血　无菌方法采血并加肝素抗凝。
2. 培育　于能够密封的培养管或培养瓶内，加入肝素抗凝剂 0.1ml（注意严格无菌操作），1640 完全培养基 1.8ml，PHA 0.1ml，混匀后置 5% CO_2 培养箱 37℃培养 3d，其间每天摇动 1 次。
3. 收获　培育结束后，用无菌滴管吸去大部分上清，加入 8.3g/L NH_4CL 4ml，混匀置 37℃水中 10min。取出后以 2500r/min 离心 10min，弃去上清，于沉淀物内加入 5ml 固定液。置室温下作用 10min 后再离心弃去上清，留 0.2ml 沉淀物。
4. 制片　取洁净无油玻片预先浸泡于蒸馏水中，置 4℃冰箱。制片时，滴 2~3 滴沉淀物于有水分的玻片上，使其均匀铺开。
5. 染色　当玻片自然干燥后，用 Giemsa 染液染色 10~15min。水洗、干燥、油镜观察并计算 T 淋巴细胞的转化率。
6. 结果　转化的 T 淋巴细胞，可根据细胞的体积大小、形态，细胞核与细胞浆的比例，细胞质的染色性，核结构及核仁的用无等进行判别（图 1-21）。
7. 计数　计数 200 个淋巴细胞中母细胞数，计算其转化率。T 淋巴细胞

实验七 细胞免疫测定

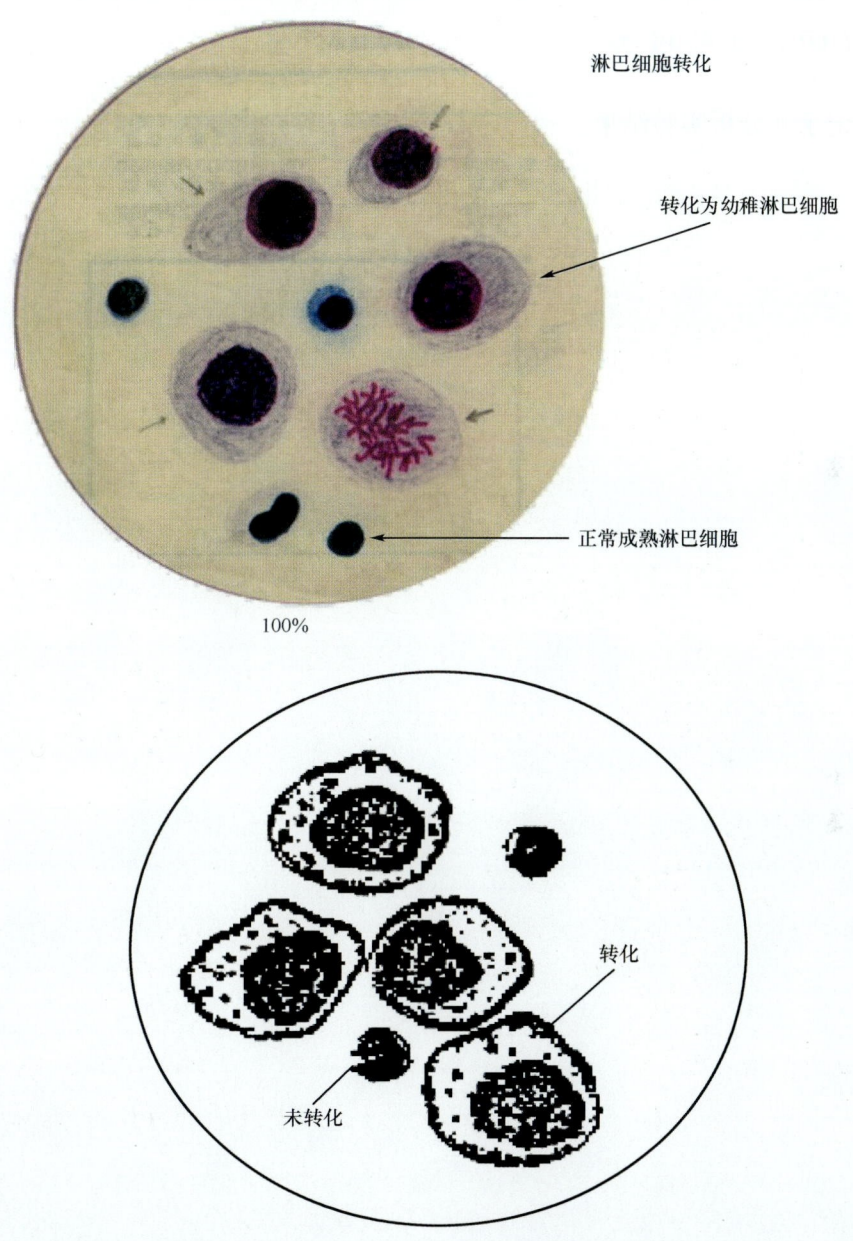

图 1-21 淋巴细胞转化实验

转化率计算公式：

T 淋巴细胞转化率（%）= 转化的淋巴细胞÷（转化的淋巴细胞+未转化的淋巴细胞）×100%

(四) 实验报告

记录并分析实验结果。

第二篇　医学微生物学

实验八　显微镜油镜的使用及保养

显微镜是病原生物与免疫学实验中最常用的医学仪器设备之一，熟练地使用显微镜并知道如果保养显微镜是对一个医学生的是基本的要求。

一、实验目的及油镜工作原理

学会显微镜油镜的使用及保养、熟悉显微镜结构。油镜的基本工作原理是，由于油镜物镜的镜孔小，通过的光线少，看不清物像，解决的方法是在镜头与标本片之间加一滴香柏油，通过香柏油的聚光效应达到镜筒中光线增强的效果。

二、实 验 材 料

显微镜、香柏油、擦镜纸、球菌和杆菌玻片标本。

三、实 验 方 法

（一）显微镜的构造（图2-1）

显微镜的构造按作用可分为两大部分：
1. 机械部分
（1）镜座、镜柱：为显微镜的支柱。
（2）载物台：中央有通光孔、上有移动器或固定夹，用以固定或移动标本。

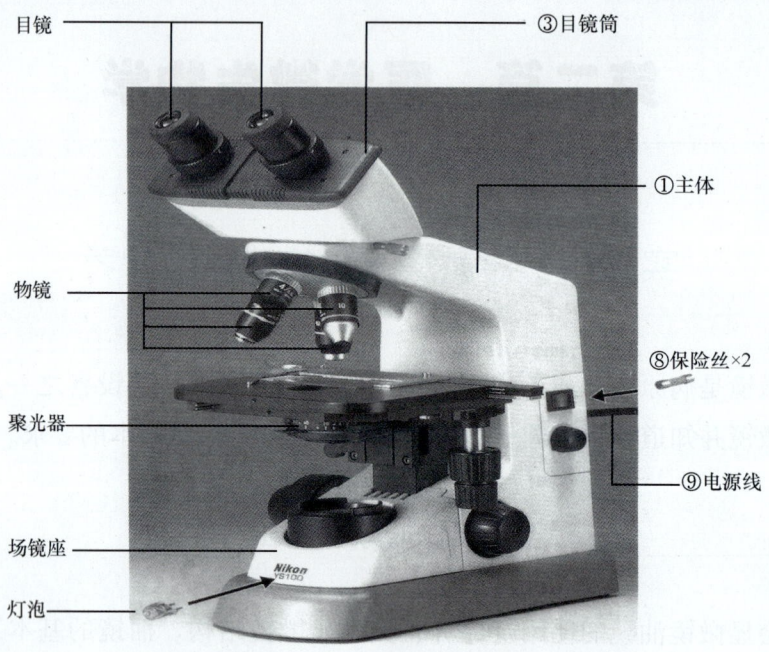

图 2-1 显微镜构造图

（3）转换器：用以固定及转换接物镜。

（4）调节器：用以升降镜筒，调节焦点距离。

（5）镜筒：为光线的通路。

2. 光学部分

（1）光源：显微镜自带光源，或用反光镜，有平凹两面，将光线反射入镜筒内。

（2）集光器及光圈：调节视野之明暗度。

（3）接物镜：10×、40×、60×、100×（显微镜的放大倍数为接物镜放大倍数×接目镜放大倍数，100×的接物镜既为油镜）。

（4）接目镜：有5×、10×、15×、18×。

（二）显微镜油镜的使用及保养

1. 显微镜摆放　使用显微镜时，必须端坐，勿将镜台倾斜，以免液体标本和镜油流出。

2. 调光　调节好光源。如果用反光镜，天然光用反光镜平面，用灯光为光源时，反光镜用凹面。

3. 摆放标本　玻片标本置载物台上，用移动器或固定夹固定，先用低倍镜对好光线，找到需观察的区域，然后换上油镜、放大光圈和升高集光器进行观察。

4. 观察　用油镜检查时，先识别油镜（油镜的标识一般是：镜头上标有彩色线条、油、H、100×等标识），使用油时先在标本片相应的位子上加1滴香柏油，然后转动粗调节器，使镜筒慢慢下降至油镜头浸入油内，同时从镜筒侧面观察油镜头勿与玻片相碰，以免损坏镜头。然后一面用眼看接目镜，一面向上慢慢移动粗调节器，当看到物像的模糊影像时，再转动细调节器，直至物像完全清晰为止（图2-2）。如果使用单筒显微镜，在观察标本时，宜两眼同时睁开，减少眼睛疲劳，最好用左眼看镜筒内，右眼配合左眼观测并用手绘图及记录。

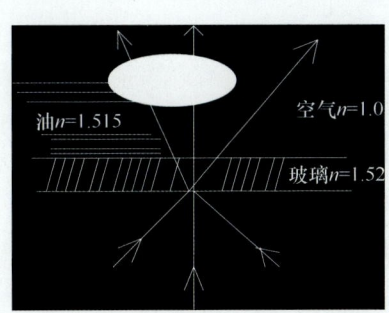

图2-2　油镜的工作原理图

5. 注意事项　在使用显微镜时，动作要稳准，轻拿轻放，显微镜平时置于干燥处保存，要避免阳光直晒。油镜用毕，用擦镜纸（切勿使用其他纸类或一般的布类）擦去香柏油，如油已干或透镜模糊不清时，可以用擦镜纸蘸少许二甲苯擦净，并用擦镜纸擦去二甲苯。然后将接物镜转成"八"字形，下降镜筒和集光器。显微镜用布罩罩好放入镜箱内。

四、实验报告

1. 油镜的使用和保养应注意哪些事项？
2. 如何识别油镜头？

实验九　细菌的形态结构及运动的观察

一、细菌的形态和特殊结构的观察

(一) 实验目的

熟悉细菌基本形态及结构（基本结构、特殊结构），并了解其功能特点。细菌的基本形态包括球形、杆形和螺形。特殊结构包括荚膜、鞭毛、芽胞和菌毛。了解以上形态结构有助于学习对细菌的鉴定。

(二) 实验材料

1. 细菌形态液体玻片标本。
(1) 球菌：葡萄球菌、链球菌。
(2) 杆菌：大肠杆菌或痢疾杆菌。
(3) 弧菌：霍乱弧菌。
2. 细菌特殊结构玻片标本。
(1) 荚膜：肺炎球菌或肺炎杆菌。
(2) 鞭毛：伤寒杆菌或变形杆菌。
(3) 芽胞：破伤风杆菌。
3. 显微镜、二甲苯、擦镜纸、香柏油。

(三) 实验方法

1. 细菌基本形态的观察　注意观察形态大小，排列方式及染色特性，同时绘图。
2. 特殊结构的观察
(1) 荚膜：注意观察菌体及荚膜形态和颜色。
(2) 鞭毛：注意观察菌体及鞭毛形态和颜色，鞭毛的数量及位置。
(3) 芽胞：注意观察菌体及芽胞形态、颜色及位置。

（四）实验报告

绘制所看的各种细菌形态。

二、细菌运动的观察

（一）实验目的

了解细菌动力检查方法及意义。

（二）实验材料

1. 细菌　变形杆菌和葡萄球菌培养物（细菌培养过程中对数培养期细菌）。

2. 其他　显微镜、载玻片、盖玻片、镊子、接种环、凡士林。

（三）实验方法

1. 悬滴法。

（1）制片：

1）取凹玻片2张，于凹窝四周涂抹少许凡士林。

2）另取盖玻片2张，在其中1张盖玻片中心位置接1接种环变形杆菌肉汤培养物，在另1张盖玻片中心位置接1接种环葡萄球菌肉汤培养物。

3）将2张凹玻片反转面向下，分别将2张凹玻片的凹窝对准盖玻片中央并盖于其上，使凡士林粘紧盖玻片，然后翻转玻片，以小镊子或接种环柄轻轻加压，使盖玻片和凹窝边缘粘紧。

（2）观察：将制好的悬滴标本盖玻片端面置于显微镜下观察，先用低倍镜观察然后转用高倍镜观察，光线不宜加强。

（3）结果：有鞭毛的细菌（如变形杆菌）有方向性移位，运动实验阳性；无鞭毛的细菌（如葡萄球菌）只在原地颤动，此称布朗氏运动，运动实验阴性。

2. 压滴法。

（1）制片：用接种环分别取变形杆菌和葡萄球菌肉汤培养物各1环，分别置载玻片的两端。用镊子取盖玻片压于每滴菌液上，放置盖玻片时，应先使盖玻片的1端接触菌液，然后缓缓放下，以免产生气泡。

（2）观察：与悬滴法相同。

（3）结果：与悬滴法相同。

（四）实验报告

细菌基本形态及特殊结构绘图

1. 描述细菌的基本形态及特殊结构。
2. 绘制细菌基本形态及特殊结构图。

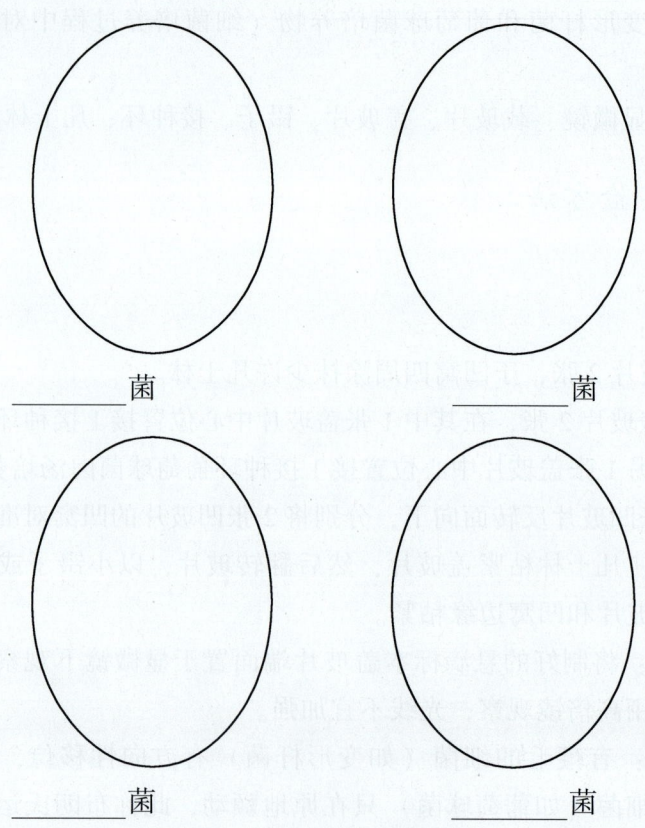

_____菌　　　　　_____菌

_____菌　　　　　_____菌

实验九　细菌的形态结构及运动的观察　　39

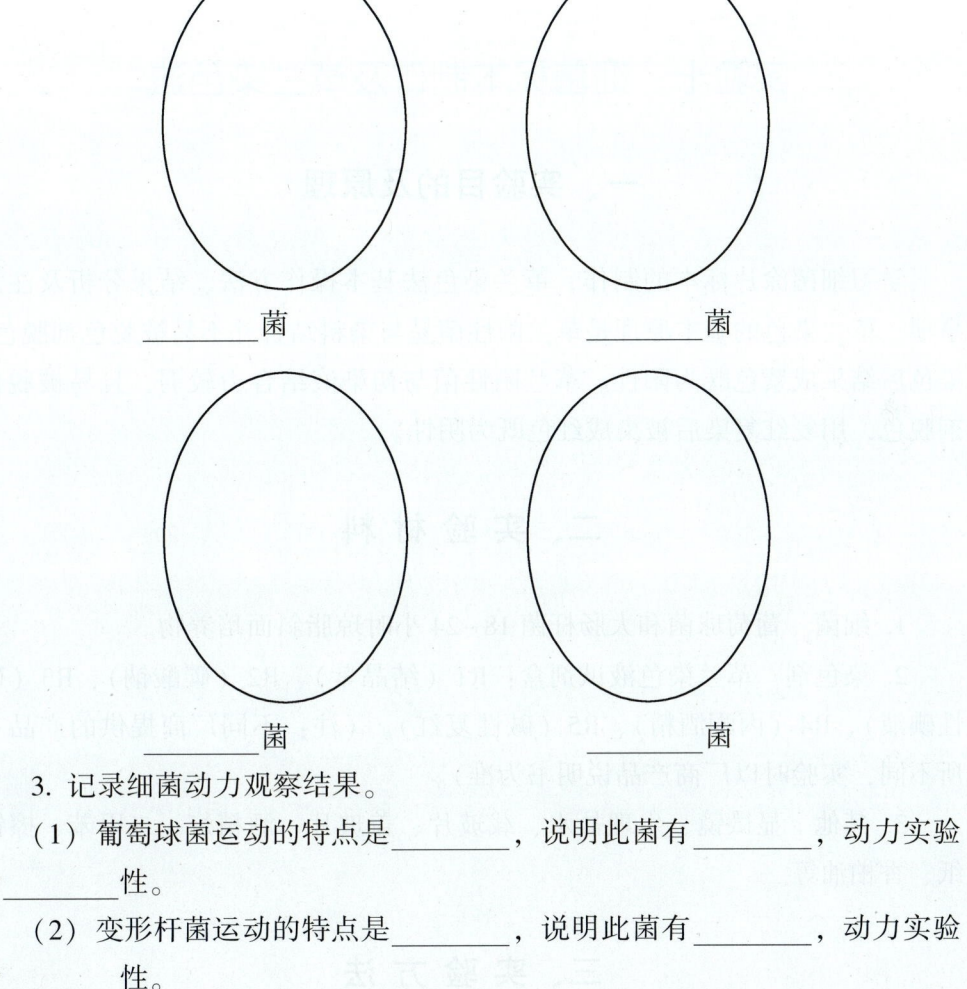

_____菌　　　　　　　_____菌

_____菌　　　　　　　_____菌

3. 记录细菌动力观察结果。
(1) 葡萄球菌运动的特点是_____，说明此菌有_____，动力实验为_____性。
(2) 变形杆菌运动的特点是_____，说明此菌有_____，动力实验为_____性。

实验十　细菌标本制作及革兰染色法

一、实验目的及原理

学习细菌涂片标本的制作，革兰染色法基本操作方法、结果分析及注意事项。革兰染色的基本原理是革兰阳性菌易与染料结合并不易被脱色剂脱色，染色后结果成紫色既为阳性。革兰阴性菌与初染液结合力较弱，且易被脱色剂脱色，用复红复染后被染成红色既为阴性。

二、实验材料

1. 细菌　葡萄球菌和大肠杆菌 18~24 小时琼脂斜面培养物。
2. 染色剂　革兰染色液试剂盒：R1（结晶紫）、R2（碳酸钠）、R3（碱性碘液）、R4（丙酮酒精）、R5（碱性复红）。（注：不同厂商提供的产品有所不同，实验时以厂商产品说明书为准）。
3. 其他　显微镜、生理盐水、载玻片、盖玻片、酒精灯、二甲苯、擦镜纸、香柏油等。

三、实验方法

（一）涂片标本的制作

1. 涂片　取清洁无油脂的载玻片 1 张，滴加两小滴生理盐水于玻片的两端，将接种环灭菌后，从葡萄球菌和大肠杆菌琼脂斜面培养物，取少许菌苔，分别涂布于生理盐水中。
2. 干燥　在空气中自然干燥，必要时，可将标本面向上，在火焰上方烘干，切勿紧靠火焰，以免标本烤焦。

3. 固定　固定的目的是杀死细菌，使细菌黏附在玻片上，改变细菌对染料的通透性，便于染料的着色。将已干燥的玻片来回通过火焰3次，以热而不烫为宜（图2-3）。

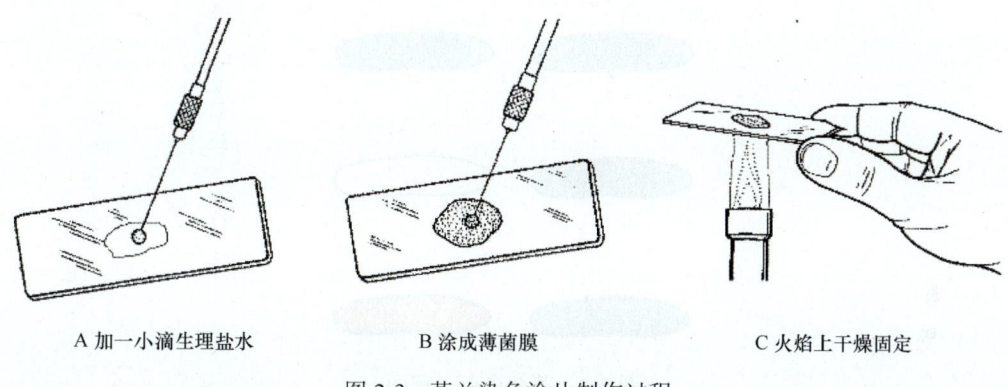

A 加一小滴生理盐水　　　B 涂成薄菌膜　　　C 火焰上干燥固定

图2-3　革兰染色涂片制作过程

（二）染色

1. 初染　所制涂片冷却后加R1、R2各2滴初染，30s后水洗（用细流动水将染料冲洗去，下同）。
2. 媒染　用R3媒染30s，水洗
3. 脱色　用R4脱色至无紫色脱落为止（约5~10s），水洗。
4. 复染　用R5复染5s，不洗，待干，镜检。

四、结果判断

染色完成后，染片自然干燥（或用微火烘干），将染片置于显微镜载物台上，在两端的染色处各滴镜油1滴，先用低倍镜找到观察区域，然后用油镜检查。葡萄球菌经结晶紫与碘液染色后，不易被酒精脱色，结果染成紫色既为革兰阳性菌。大肠杆菌经结晶紫与碘液染色后，易被酒精脱色，经复红复染后染成红色既为革兰阴性菌（图2-4）。

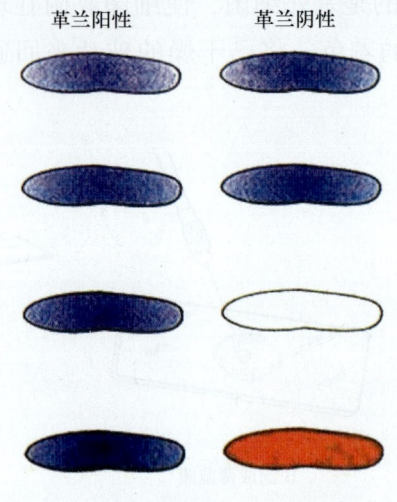

图 2-4 革兰染色过程图

五、注意事项

1. 涂片应均匀，厚薄适度，自然干燥（或用微火烘干）后再加热固定。
2. 脱色要脱至无紫色脱落为止（时间以不超过 1min 为宜），脱色时间不宜过长也不宜过短，如果脱色时间过长则革兰阳性菌可能被染成阴性，如果过短则革兰阴性菌可能被染成阳性菌。
3. 复染时间不宜过长，以免两种细菌在复染时均被染成革兰阴性。

六、实验报告

1. 记录革兰染色结果：
(1) 大肠杆菌为革兰_____性，被染成_____色。
(2) 葡萄球菌为革兰_____性，被染成_____色。

2. 绘制镜下标本图（注意细菌的形态、排列、染色特性）。

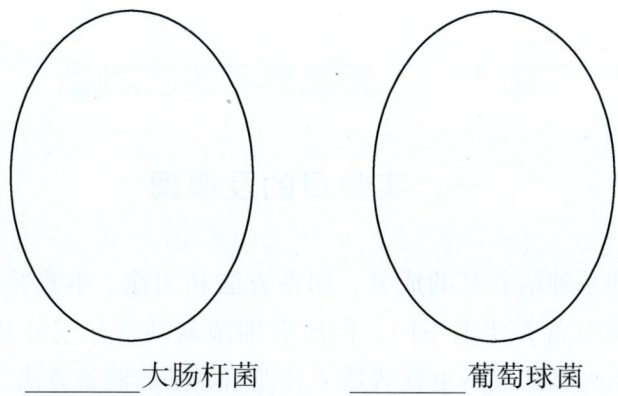

　　　　　大肠杆菌　　　　　　　葡萄球菌

3. 分析革兰染色过程应注意哪些事项？
4. 简述革兰染色在医学上的意义。

实验十一　细菌培养基的制备

一、实验目的及原理

学习常用的基础培养基的成分、制备方法和用途。本实验的基本原理是不同种类的细菌对营养要求不同,但所有细菌基础营养成分基本是一致的。所以学会基本培养基的制备也就清楚了其他培养基的制备方法。

二、实验材料

1. 营养物质　牛肉膏、蛋白胨、NaCl、水。
2. 其他物质　琼脂、三角烧瓶、量筒、天平、中试管,吸管。

三、实验方法

(一) 液体培养基的制备

1. 称取牛肉膏 3g,蛋白胨 10g,氯化钠 5g 加入 1000ml 蒸馏水中,加热融化。
2. 待冷却至 40~50℃时,测定并矫正酸碱度为 pH7.2~7.6。
3. 酸碱度调整后,煮沸 3~5min,补足蒸发失去的水量,待冷却后用滤纸使之过滤澄清,并重新测定酸碱度 1 次,若变动较大,应再矫正。
4. 按应用时的需要量分装于适当的试管或烧瓶内,塞上塞子并用牛皮纸包扎瓶口,置高压蒸汽灭菌器内,经 103.43kPa 15~20min 灭菌(图 2-5)。
5. 灭菌后取出待冷却至 40℃ 以下时,放入 37℃ 温箱 24h 培养验证无菌,即可使用,或放冰箱低温下保存备用(图 2-6)。

实验十一　细菌培养基的制备

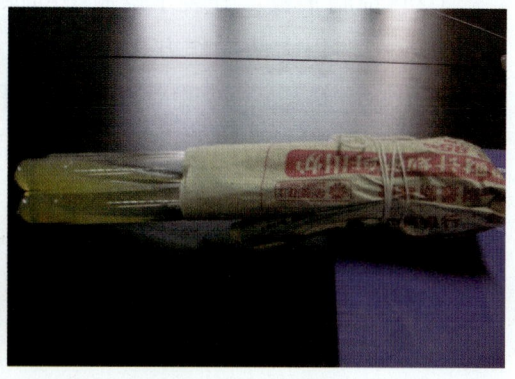

图 2-5　培养基的包装

操作图示：称量　溶化　定容　调PH　过滤　分装　包扎　灭菌　摆斜面
　　　　　　↓　　↓　　↓　　↓　　↓　　↓　　↑　　↑　　↑
　　　　　小烧杯 小烧杯 量筒 大烧杯 省略 分液漏斗 防潮纸、棉绳 蒸汽高压灭菌锅 玻璃吸管

图 2-6　培养基制作流程图

（二）固体培养基的制备

1. 普通琼脂培养基　普通琼脂培养基是在 pH 7.2~7.6 的液体培养基中加入 2%~3% 琼脂，加热融化，（必要时用脱脂棉过滤后再补足水分）适量分装于合适的试管或三角烧瓶中，塞上塞子并用牛皮纸包扎瓶口，置高压蒸汽灭菌器内，经 103.43kPa 15~20min 灭菌。

（1）琼脂斜面：分装于试管中的琼脂培养基，由高压灭菌器内取出后，趁热将试管斜置，待凝固后即成琼脂斜面（或称普通斜面）（图 2-7）。

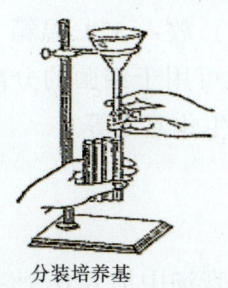
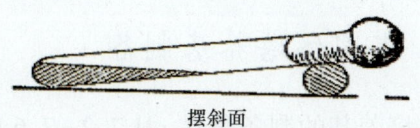

分装培养基　　　　　　　　摆斜面

图 2-7　培养基分装及斜面制作方式图

（2）琼脂平板：分装于烧瓶中的琼脂培养基，由灭菌器内取出后，待冷至 50~60℃时以无菌操作方式倾入无菌平皿内（直径9厘米的平皿，约需13~15ml琼脂培养基），冷凝后即成琼脂平板（或称普通平板）。具体方法先拔去装有培养基烧瓶的棉塞，将瓶口迅速通过火焰2~3次，（勿烧得过烫，以免培养基流经瓶口炸裂）再微启皿盖，将培养基迅速倾入后，盖上皿盖，随即将平皿紧贴于桌面轻轻回转摇动，使培养基全部平铺于皿底，凝固后置37℃温箱验 24h 验证无菌生长后既可使用或置冰箱内备用。琼脂平板常用于细菌的分离培养及鉴定（图 2-8）。

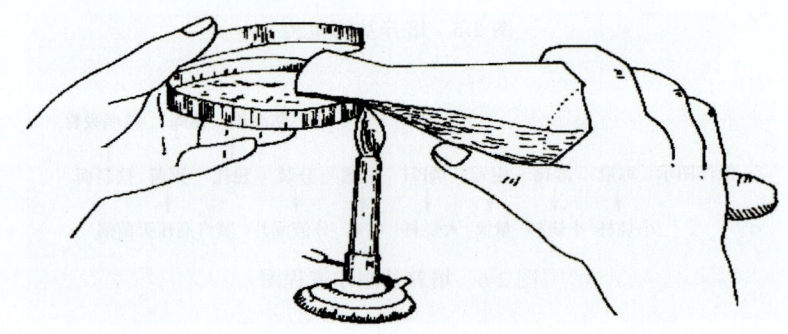

图 2-8　琼脂平板的倒装

2. 血液营养琼脂培养基　某些种类的细菌（如链球菌、脑膜炎球菌等）对营养要求较高，在普通琼脂培养基上生长不良，如果在普通琼脂培养基中加入 10%~15%的新鲜动物血液，既制成血液营养琼脂培养基。制备方式是将刚经灭菌的普通琼脂培养冷却致 50~55℃左右时，以无菌方式加入无菌的 10%~15%脱纤维羊血（或兔血）。摇匀后分装于无菌试管，斜置冷却后即成血液营养琼脂斜面（简称血斜面）。如加入无菌平皿，摇匀后冷却后即成血液营养琼脂平板（简称血平板）。将上述固体血液营养培养基（血平板应皿底朝上盖朝在下，防止在培养基表面出现冷凝水）放入37℃温箱 24h 培养验证无菌生长，即可使用或保存于冰箱备用，平板可用于细菌的分离培养及鉴定，斜面可用于细菌的增殖、保存菌种、细菌的生化鉴定等。

（三）半固体培养基制备

半固体培养基的制备是在 pH 7.2~7.6 的肉膏汤中加入 0.5%~0.8%左右的琼脂，加热溶化，脱脂棉过滤后补足水分，适量分装于试管内，经

103.43kPa 20min 高压灭菌，取出直立，待琼脂凝固后，即为半固体培养基。置 37℃温箱培养 24h 验证无菌生长，即可应用或置冰箱内备用。半固体培养基常用于观察细菌动力和保存菌种。

四、实验报告

1. 简述培养基制备的基本程序。
2. 简述培养基的种类及用途。

实验十二　细菌的培养方法

一、实验目的及原理

初步学会细菌接种方法、培养方法。观察细菌在各种培养基中的生长现象。此实验的基本原理是通过在平板上划线法分离含有杂菌的标本，根据不同细菌产生的菌落的特点取可疑菌落接种于斜面增殖后进行细菌的生化反应鉴定。

二、实验材料

1. 菌种　葡萄球菌、链球菌、大肠杆菌、枯草杆菌、葡萄球菌与大肠杆菌混合液。
2. 培养基　半固体培养液、液体培养基、斜面培养基、琼脂平板培养基。

三、实验方法

（一）分离培养——划线分离培养法

通过平板划线，将标本中的混杂的细菌在琼脂平板表面充分地分散开来，通过培养而获得单个菌落。基本操作过程如下。

1. 右手持接种环在火焰中烧灼灭菌。
2. 接种环冷却后，以无菌操作方法蘸取葡萄球菌、大肠杆菌混合液（检材）少许。
3. 左手持平板培养基的平皿底，将菌液涂抹在平板表面的边缘部分。烧灼接种环，冷却后自涂抹部分开始，连续平行划线，直至于板表面的1/3。
4. 再次烧灼接种环，待冷，按图所示依次在平板其余部分划线接种，每次划线要与前次划线重叠 2~3 条，并要烧灼接种环。

5. 接种完毕后，将平皿底放回原处，接种环经火焰灭菌（图 2-9）。

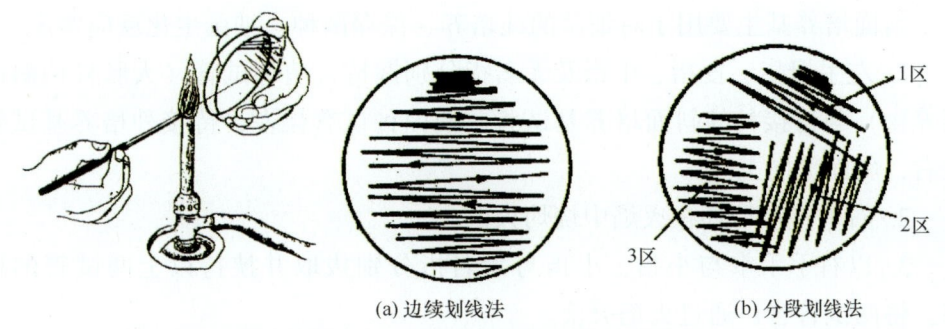

(a) 边续划线法　　(b) 分段划线法

图 2-9　固体平板划线接种法示意图

6. 注明标识（姓名、日期、标本名称等），置 37℃ 温箱培养 24h 观察结果（图 2-10）。

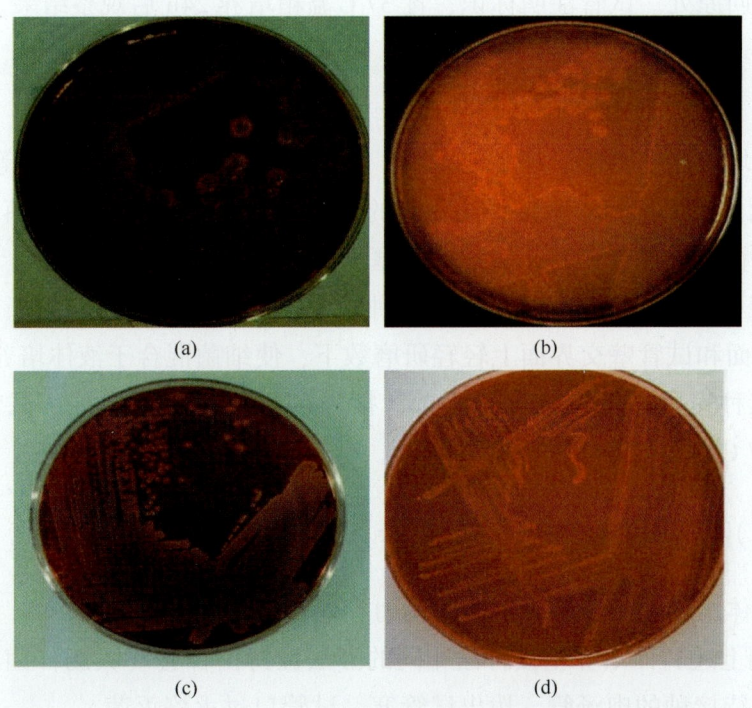

图 2-10　固体平板划线接种后细菌生长现象

7. 注意事项　划线接种时，角度、力量要掌握好，不可划破平板表面；划线要密而不重复，充分利用平板表面；严格无菌操作。

（二）斜面培养基接种法

斜面培养基主要用于对细菌的纯培养、保存菌种、细菌生化反应鉴定。

1. 左手拇指、食指、中指及无名指分别握持含菌种试管（大肠杆菌斜面培养物）与待接种的斜面培养基试管，使菌种试管位左，待接种培养基试管位右，斜面部向上。

2. 右手持接种环在火焰中烧灼灭菌

3. 以右手手掌与小指、小指与无名指分别拔取并挟持以上两试管的棉塞，将两试管管口通过火焰灭菌。

4. 用灭过菌的接种环从菌种试管中挑取少量菌苔，伸进待接种的培养基试管斜面底部向中间向上划一直线，然后再从底部中间向上以蛇行划线。

5. 接种完毕后，将两试管管口再经火焰灭菌，塞好棉塞，接种环烧灼灭菌之后放回原处。试管注明标识，置37℃温箱培养24h后观察结果。

（三）液体培养基接种法

液体培养基主要用于细菌纯培养、保存菌种、细菌的生化反应等实验。

1. 用上述斜面培养基接种法相同的方法握持菌种管（大肠杆菌菌斜面培养物）与待接种的肉汤管、拔取试管塞、试管口过火焰灭菌。

2. 接种环灭菌冷却后，从含菌试种管中挑取少量菌苔转移致新的肉汤管内，在液面和试管壁交界面上轻轻研磨数下，使细菌混合于液体培养基中。

3. 接种完后试管口过火焰灭菌，接种环灭菌后放回原处。试管注明标识，置37℃温箱培养24h后观察结果。

（四）半固体培养基接种法

半固体培养基用于检查细菌的动力和保存菌种之用。

1. 用上述斜面培养基接种法相同的方法握持菌种管（大肠杆菌菌斜面培养物）与待接种的肉汤管，拔出试管塞，试管口过火焰灭菌。

2. 取接种针经火焰灭菌后，挑取菌种试管中少量细菌，垂直刺入半固体培养基的正中央，深入管底的3/4处，再从原路退出。

3. 接种完后试管口过火焰灭菌，接种环灭菌后放回原处。试管注明标识，置37℃温箱培养24h后观察结果（图2-11、图2-12）。

扩散生长　　　　　无扩散生长

图2-11　细菌在半固体培养基中的生长现象

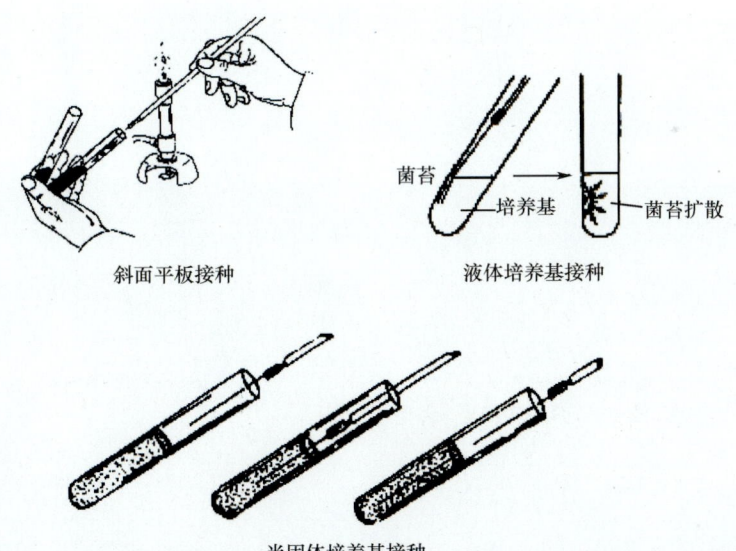

图2-12　固体斜面培养基、液体培养基、半固体培养基接种方法示意图

四、实验报告

1. 细菌的接种方法有哪几种？各有何用途？

2. 在细菌接种培养过程中应注意那些事情，可能会发生什么问题，如何处理？

3. 各种培养基接种结果记录于下表。

培养基名称	细菌名称	培养条件及时间	培养结果
液体培养基			
半固体培养基			
斜面培养基			
琼脂平板			

实验十三　细菌代谢产物的检测

细菌的新陈代谢包括一系列复杂的生物化学反应，这些反应主要是在细菌所含的酶的作用下完成的，而细菌的分解代谢是将某些复杂的营养物质分解成简单的化学物质，检测这些简单的化学物质在细菌的鉴定等医学方面的应用具有重要的意义。

一、实验目的及原理

了解对细菌代谢产物的检测来鉴定细菌的方法和意义。本实验的基本原理是不同的细菌所具有的酶不同，对物质（如糖、蛋白质等）的分解能力也不同，分解后所产生的代谢产物也不相同，通过对细菌的代谢产物的检测可作为细菌鉴定的手段之一，通常也称细菌生化反应实验。

二、实验材料

1. 细菌　大肠杆菌、痢疾杆菌、乙型副伤寒杆菌。
2. 其他　葡萄糖和乳糖发酵管、KIA 斜面培养基等。

三、实验方法

（一）糖发酵试验

用无菌接种环分别取大肠杆菌、痢疾杆菌和乙型副伤寒杆菌少许，接种于葡萄糖及乳糖发酵管中各 1 支，置 37℃温箱 18~24h，观察结果。观察结果时，首先观察细菌是否生长。细菌生长后培养基变混浊。若细菌发酵糖类产酸，则培养基中指示剂（溴甲酚紫：溴甲酚紫在碱性环境中呈紫色，在酸性环境中呈黄色）变为黄色，以"+"表示。如发酵糖后产酸又产气时，则培养基除变黄色外，在倒置的小试管中有气泡，用"⊕"表示。如不发酵糖，培养基为紫色，小倒管内无气泡，以"-"表示之（图2-13）。

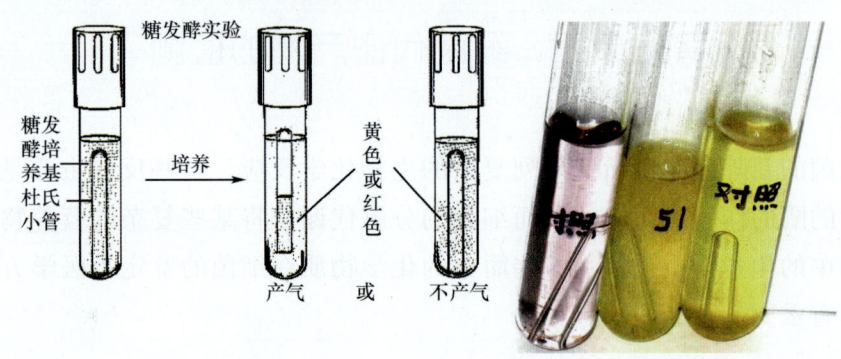

图2-13　糖发酵实验

（二）靛基质试验

将大肠杆菌、痢疾杆菌及乙型副伤寒杆菌分别接种于含有丰富色氨酸的蛋白胨水培养基中，37℃培养18~24h后取出，在上述细菌的培养液内各加入柯氏靛基质试剂数滴，略加振动，静置后如果在靛基质试剂与培养基两液接触面出现玫瑰红色环既为靛基质试验阳性，以"+"表示；不出现红色环者为阴性，以"-"表示之（图2-14）。

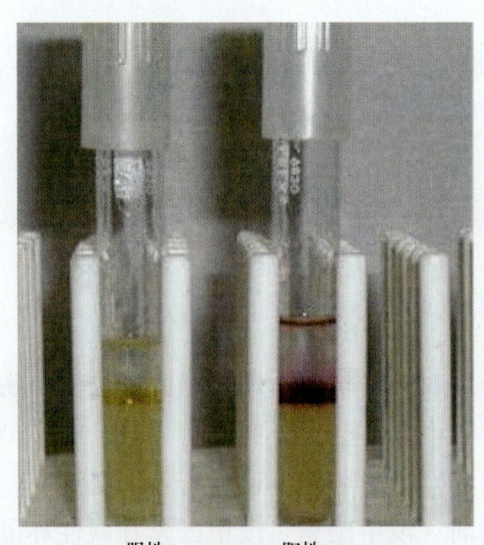

图2-14　靛基质实验

（三）硫化氢试验

用接种针分别将大肠杆菌、痢疾杆菌和乙型副伤寒杆菌接种于柯氏双糖含铁斜面培养基培养基中，37℃培养 18～24h 后观察结果。如果培养基变黑（细菌分解含硫氨基酸产生硫化氢，硫化氢与培养基中的铁结合出现黑色沉淀），表示有硫化氢产生，称硫化氢试验阳性，培养基不变色为阴性，以"-"表示（图 2-15、图 2-16）。

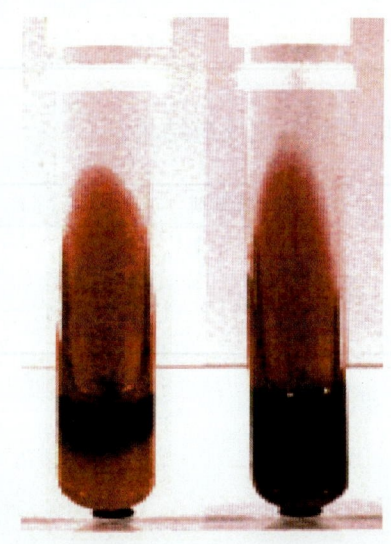

图 2-15　硫化氢实验

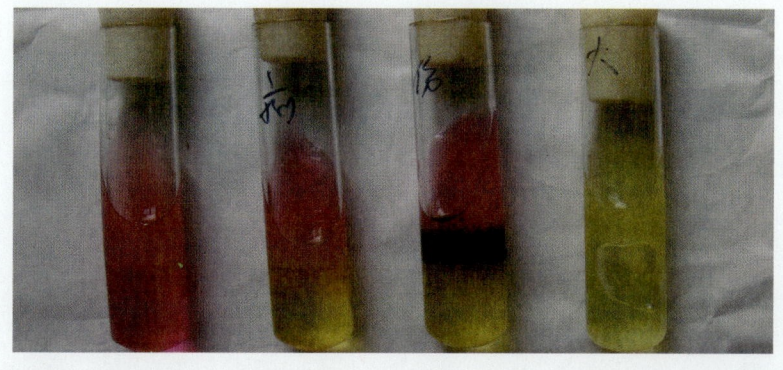

图 2-16　痢疾杆菌、乙型副伤寒、大肠杆菌在 KIA 双糖含铁斜面培养结果

四、实 验 报 告

1. 记录细菌生化反应试验结果。

细菌名称	糖发酵试验		靛基质试验	硫化氢试验
	葡萄糖	乳糖		
大肠杆菌				
痢疾杆菌				
乙型副伤寒杆菌				

2. 记录细菌在 KIA 培养基生化反应结果。

细菌名称	斜面颜色	底层颜色	葡萄糖	乳糖	产气	硫化氢
大肠杆菌						
痢疾杆菌						
乙型副伤寒杆菌						

实验十四 微生物的分布

一、实验目的及原理

通过微生物的分布实验证明在自然界和正常人体均有许多微生物存在，以树立严格的消毒及无菌观念。本次实验的基本原理是通过培养基培养的方法来证实一般情况下在自然界中（土壤、水、空气）以及在正常人体（体表、与外界相通的腔道）存在大量的各种微生物，提示在各项医疗操作中一定要树立牢固的无菌观念。

二、实验材料

1. 标本　自然界标本（土壤、水、空气），正常人体标本（皮肤、口腔）。
2. 培养基　普通琼脂平板、血平板等。
3. 其他　无菌L型玻棒，无菌试管、无菌吸管、无菌棉签等。

三、实验方法

（一）空气中微生物检测（自然沉降法）

取普通琼脂平板1块，打开皿盖，暴露于空气中10min，然后盖好皿盖，在平皿底面注明地点、班组，置37℃温箱内培养24h后观察结果，计算菌落数，并对不同的菌落形态进行描述。

（二）水中的细菌的检查

1. 用无菌试管采取未经净化消毒处理的污水和自来水。
2. 用无菌吸管吸取样品水0.1ml接种于普通琼脂平板，用无菌L形玻棒涂开后盖好，并作好标记，置37℃温箱培养24h后观察结果，计算菌落数并描述菌落特点（图2-17）。

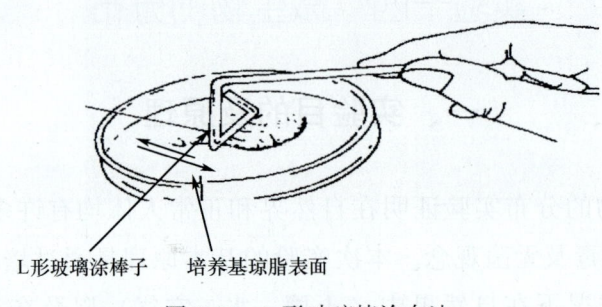

图 2-17　L形玻璃棒涂布法

（三）喉部细菌的检查

1. 涂抹法　取无菌棉拭子1支，在咽喉部涂抹采集标本，用棉拭子所采集的标本以无菌方式涂于血平板并划线分离。贴上标签，置37℃温箱培养24h，观察结果。

2. 咳嗽法　取血平板1个，被检者将血平板皿打开，在离口10cm处，用力咳嗽数次，将皿盖盖好，置37℃温箱内培养24h后，观察结果。

3. 结果　观察菌落数、菌落的特征及溶血情况。

四、实验报告

1. 记录细菌的分布检查试验结果

标本	检查结果（有无细菌生长或菌落数）
空气	
水	
咽拭子或飞沫	

2. 简述微生物的分布在医学上有何实际意义。

实验十五　物理消毒灭菌法

细菌生命活动与环境有着密切关系。适宜的环境能促进细菌的生长繁殖，反之不利的环境则可能抑制细菌的生长、引起细菌变异甚至杀死细菌。因此掌握细菌与外界环境的关系，人工的创造对细菌不利的外界环境进行消毒灭菌，而消毒灭菌在医疗实践过程中是非常重要的。

一、实验目的

学习温度（干热、温热）、紫外线等对微生物的消毒灭菌作用。熟悉常用消毒灭菌器材的使用方法、用途及注意事项。

二、实验材料

高压灭菌器、煮沸消毒器、电炉、滤菌器、肉汤培养基、大肠杆菌和枯草杆菌斜面培养物、水浴锅。

三、实验方法

（一）常用消毒灭菌器及滤菌器的使用

1. 高压蒸汽灭菌器（图 2-18）。

（1）种类：手提式、直立式、横卧式等多种高压蒸汽灭菌器。它们的结构和灭菌原理基本相同。

（2）构造：高压蒸汽灭菌器是一个全密闭的耐高温、耐高压的双层金属容器，内层装需灭菌的物品，外层为主锅体，两层之间底部放水。外壁坚厚，有金属盖，盖端螺栓，借螺栓拧紧以封闭盖门，使蒸汽不能外溢，因而使灭菌器内蒸汽压力升高，温度也随压力升高而升高，从而达到灭菌效果。

图 2-18 高压灭菌器

（3）用法及注意事项：使用时要加适量水于灭菌器内，放入待灭菌物品后，盖好器皿盖并将螺栓扭紧。灭菌器用电或煤气加热，待灭菌器内压力升至 34.48kPa 时打开放气阀排除灭菌器内冷空气，待冷气放完后再关闭，继续加热待蒸汽压力升至所需压力（一般为 103.43kPa）时温度可达到 121.2℃ 左右，持续 15~20min，即完全达到灭菌目的。灭菌完毕后严禁立即开盖取物，待其压力下降至零时，在安全阀开启的情况下方可开盖，以免发生危险。切不可突然打开排气阀排气减压，以免因压力骤然下降而使瓶内液体冲出瓶外及可能引起瓶爆破。

（4）用途：高压蒸汽灭菌用途广泛、灭菌效果好，可用于培养基、生理盐水、纱布、敷料、手术器材、隔离衣等的非活体物质的灭菌。

2. 干烤箱。

（1）构造：干烤箱是用两层金属制成的方形箱，夹层充以石棉，箱底有热源，并有附有温度计一支和自动温度调节器等装置（图 2-19）。

（2）用法：将需要灭菌的玻璃器材包装后放入箱内，闭门加热。温度升到 160~170℃ 维持 2h，不要超过 170℃，以免烤焦棉塞及包装纸，灭菌后，不能立即开门取物，待温度下降至 50℃ 以下再开门，否则玻璃器材可因骤冷

图 2-19 恒温干烤灭菌箱

而爆裂。

（3）用途：干烤箱主要用于一般耐高温、耐干的物品如玻璃器材、凡士林、液体石蜡等常用本法灭菌。

3. 滤菌器。

（1）构造：滤菌器由滤瓶、滤膜、安全瓶、真空泵等（图 2-20）。

（2）用法：将洁净干燥的滤菌器及滤瓶分别包装并灭菌，以无菌操作方式将滤菌器与滤瓶装好、橡皮塞连接抽滤瓶及安全瓶（中间可连接水银压力表）、再将安全瓶连于真空泵上。在无菌情况下将待滤液倒入滤菌器内，开动真空泵抽气，滤液通过滤菌器流入滤瓶内。滤毕，先将抽气胶管从滤瓶侧管处拔下，并开启滤瓶的橡皮塞，迅速以无菌操作方式取出瓶中滤液，放入无菌容器内保存。滤器经洗净、灭菌后备用。

（3）用途：过滤除菌常用于除去某些不能用高温灭菌的溶液（如血清、外毒素、可溶性抗原等）的除菌。

（二）煮沸消毒实验

取 4 支肉汤培养基试管，编号 1、2、3、4 号，1 号试管、2 号试管接种大肠杆菌，3 号接种枯草芽胞杆菌，4 号管不接种任何细菌做对照。将 1 号试管、3 号试管放入水浴锅中煮沸 5~10min，然后将 4 支肉汤试管放入 37℃温

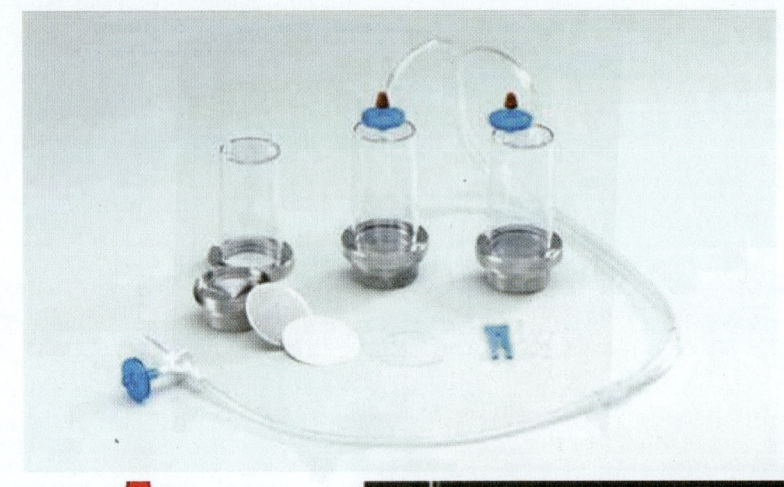

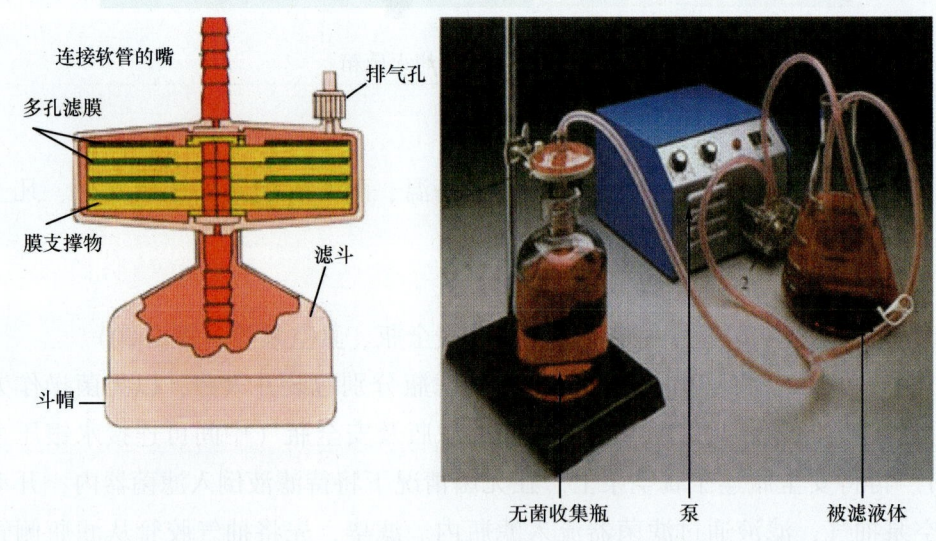

图 2-20 滤菌器

度箱中培养 24h 观察结果。实验结果 1 号试管经煮沸后细菌被杀死所以无细菌生长。2 号试管未经煮沸消毒所以有细菌生长。3 号试管中细菌结构有芽胞经煮沸消毒后细菌并未杀死所以有细菌生长、4 号试管为对照试管无细菌生长证明实验有效（图 2-21）。

（三）外线杀菌实验

取一个普通琼脂板，用接种环密集划线接种葡萄球菌后，取开皿盖，将皿盖盖住培养基表面 1/2 处放在紫外线灯下 20~30cm 处照射 30min 后将皿盖

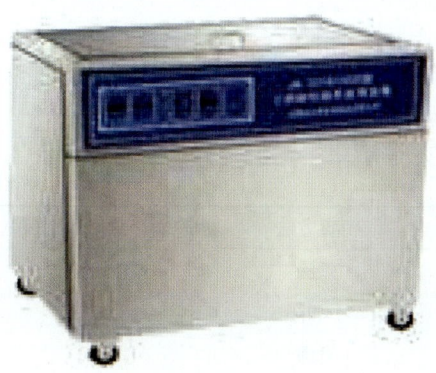

图 2-21　煮沸消毒器

盖好，置于 37℃温箱中培养 24h 后观察结果。结果在紫外线照射区域无细菌生长，说明紫外线有杀菌功能。在皿盖盖住区域有细菌生长，说明紫外线穿透力差，一般物质如玻璃片等可以挡住紫外线（图 2-22）。

图 2-22　紫外线消毒灯

四、实验报告

1. 记录煮沸消毒实验结果。

试管号	接种菌种	消毒方法	37℃ 24 小时培养细菌生长情况	结果解释
1	大肠杆菌	煮沸		
2	大肠杆菌	不加热		
3	枯草杆菌	煮沸		
4	对照（不接种）	不加热		

2. 观察记录紫外线杀菌实验结果。

平板上有皿盖遮盖部分_____菌生长，未遮盖部分_____菌生长，这说明紫外线具有_____作用。但_____力弱，适用于_____和_____消毒。

3. 高压蒸汽灭菌器和干烤箱使用时需要注意哪些事项？

实验十六　皮肤微生物的分布及消毒实验

正常情况下在正常人体的体表及与外界相通的腔道分布有大量的微生物，这些微生物一般不致病，称正常菌群，其中大部分又称为条件致病菌，当进行手术、注射等医疗操作过程中，这些细菌一旦进入机体则可引起严重的后果。所以了解皮肤微生物的分布和消毒方法有很重要的医学意义。

一、实　验　目　的

了解微生物在皮肤上的分布情况，学习碘酒、酒精等消毒剂的杀菌作用。

二、实　验　材　料

普通琼脂平板、2%碘酒、75%酒精、无菌棉签。

三、实　验　方　法

取普通大号琼脂平板1块，用记号笔在平板底划分5格，标明1、2、3、4、5，打开平板一角，一位同学分别以未经自来水清洗的手指涂于1格，一位同学用经自来水清洗的手指涂第2格，一位同学用2%碘酒消毒手指后涂于3格，一位同学用75%酒精消毒手指后涂于4格，第5格留作对照。置37℃温箱培养24h，观察结果。

结果：对照区域无细菌生长说明实验有效。未经自来水清洗的手指涂处细菌生长较多，经自来水清洗过的手指涂处细菌生长较少，说明洗手能消除部分细菌。碘酒与酒精消毒过的手指涂处几乎无细菌生长，说明碘酒与酒精有很好的消毒效果。

四、实 验 报 告

1. 观察记录皮肤消毒实验结果

	37℃ 24h 培养细菌生长情况	结果解释
清洗前的手指皮肤		
清洗后的手指皮肤		
酒精消毒手指		
碘酒消毒手指		
对照格		

2. 解释皮肤经水清洗的效果、酒精及碘酒的消毒效果。

实验十七 药物敏感实验（纸片法）

目前临床上细菌对抗生素产生耐药性越来越普遍，给临床上治疗传染病带来极大的困难，所以如何选择敏感的抗生素在临床上具有极其重要的医学意义。

一、实验目的

学会药物敏感实验方法，了解其临床意义。

二、实验材料

1. 细菌　大肠杆菌与葡萄球菌6h培养物。
2. 其他　普通琼脂平板、无菌镊子、各种抗生素药敏纸片等。

三、实验方法

1. 接种细菌　取普通琼脂平板两个，在平板底部用蜡笔标记青霉素、链霉素、四环素和生理盐水等符号（如抗生素药物纸片有抗生素标识此步省去）。以无菌操作法取菌龄6h的大肠杆菌及葡萄球菌培养物，分别接种在琼脂平板表面，密集均匀划线。
2. 放置药敏纸片　用无菌镊子取相应的药敏纸片，按预定区域分别轻轻贴在已接种好细菌的琼脂表面上，一次放好，不得移动（图2-23）。
3. 结果　将放置好药敏纸片的培养基置37℃温箱培养24h，如果细菌对某一抗生素敏感，就会在药敏纸片周围出现无细菌生长的抑菌圈，根据抑菌圈的大小，可以了解抗生素的抑菌情况，由于纸片药物的浓度的不同及不同种类细菌对抗生素药物的敏感性差异，判断结果（图2-24）。参见表2-1读取结果。

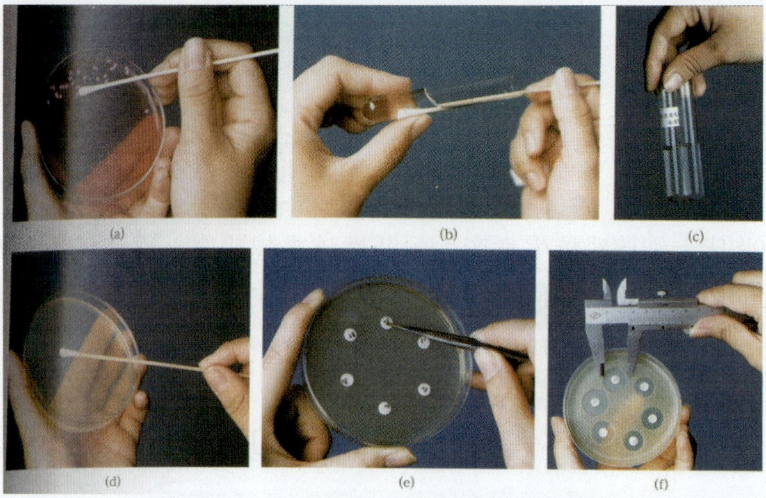

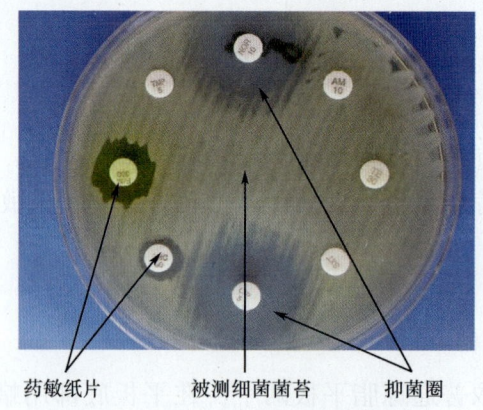

图 2-23 药物敏感实验操作过程图

图 2-24 药物敏感实验结果图

表 2-1 药物敏感实验纸片法结果参考表

抗菌药物		抑菌圈直径		
		耐药	中度敏感	敏感
青霉素 G	葡萄球菌	≤20	21~28	≥29
	其他细菌	≤11	12~21	≥22
链霉素		≤11	12~14	≥15
磺胺（SMZ）		≤12	13~16	≥17
庆大霉素		≤12	13~14	≥15
红霉素		≤13	13~14	≥18
头孢噻吩		≤13	13~17	≥18

四、实验报告

1. 记录药物敏感试验结果于下表（注：名称根据学生自己所选抗生素填写）

抗生素名称	大肠杆菌		金黄色葡萄杆菌	
	抑菌圈直径（mm）	敏感度	抑菌圈直径（mm）	敏感度

2. 分析药物敏感试验在临床上的意义。

实验十八　噬菌体溶菌试验

噬菌体属于非细胞型微生物——噬菌体，噬菌体具有感染细菌、真菌、螺旋体等微生物的特性，并能裂解被感染的微生物而得名，而噬菌体感染并裂解微生物时有着高度的特异性，所以可以用噬菌体对微生物进行分型。噬菌体也可作为载体在某些特定微生物与微生物之间传递遗传基因，所以在生物遗传工程中的基因转移与重组方面具有非常重要的意义。

一、实验目的

了解噬菌体溶菌试验基本方法和、医学意义。

二、实验材料

1. 细菌　大肠杆菌、痢疾杆菌琼脂斜面 18~24h 培养物。
2. 噬菌体　痢疾杆菌噬菌体。
3. 实验材料　普通琼脂平板、接种环、记号笔、酒精灯、培养温箱。

三、实验方法

1. 取普通琼脂平板 2 块，分别用记号笔在皿底标明大肠杆菌、痢疾杆菌。
2. 用接种环分别取大肠杆菌、痢疾杆菌分别密密涂满 2 个普通琼脂平板上。
3. 用接种各取 1 环痢疾杆菌噬菌分别点种于接种了大肠杆菌、痢疾杆菌培养基平板中，注意无菌操作。
4. 37℃温箱培养 18~24h 观察结果是否形成噬菌斑（图 2-25）。

实验十八 噬菌体溶菌试验

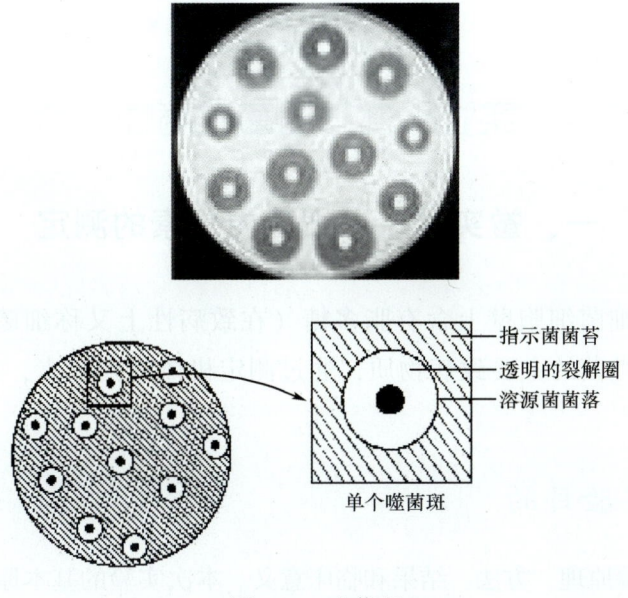

图 2-25 噬菌斑

四、实 验 报 告

1. 观察实验结果并绘图进行分析。
2. 解释溶菌酶在医学上的意义。

实验十九　细菌致病性

一、鲎实验——细菌内毒素的测定

革兰阴性细菌细胞壁上含有脂多糖（在致病性上又称细菌内毒素），内毒素是革兰阴性菌的主要致病物质，通过测定机体内内毒素，有助于内毒素中毒的诊断。

（一）实验目的

了解鲎试验原理、方法、结果和临床意义。本次实验的基本原理是脂多糖与鲎血浆结合后，鲎血浆会发生凝固，由此可以用鲎血浆来检测物体中的脂多糖。

（二）实验材料

1. 试剂　鲎试验试剂盒（有商品供应）。
2. 细菌　伤寒杆菌、痢疾杆菌肉汤培养物。
3. 其他　无菌吸管、试管、无菌蒸馏水。

（三）实验方法

1. 打开 3 支鲎试剂，各加 0.1ml 无菌蒸馏水使之溶解，溶解后分别加入标准内毒素、伤寒杆菌、痢疾杆菌肉汤培养物及无菌蒸馏水各 0.1ml。
2. 轻轻摇匀后，垂直放入 37℃温箱中，30~60min 后取出观察有无凝固。凝固者为阳性，不凝固者为阴性（图 2-26）。

二、透明质酸酶实验

链球菌在生长繁殖过程中可以产生透明质酸酶，此酶可以分解组织中的透明质而使细菌可以在组织中扩散，与细菌的致病性相关。

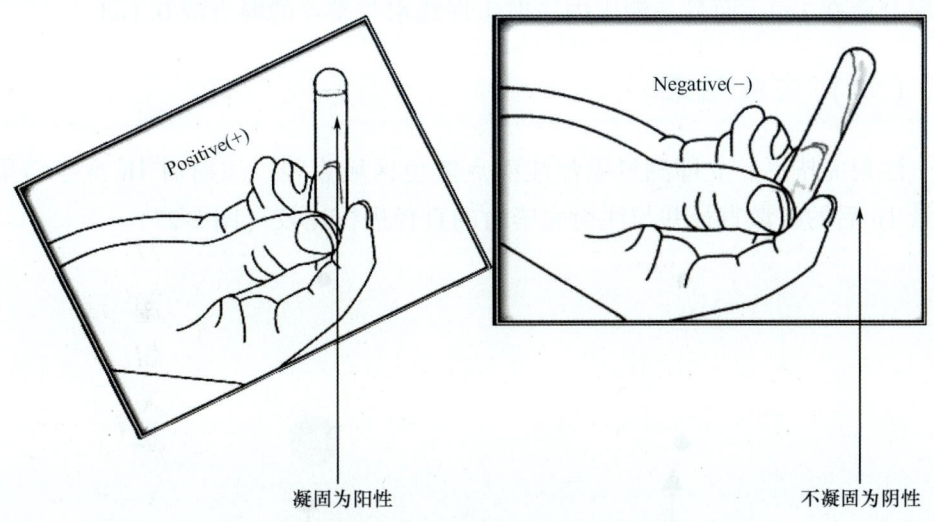

凝固为阳性　　　　　　　　　　　　不凝固为阴性

图 2-26　细菌内毒素测定（鲎实验）

（一）实验目的

学习透明质酸酶实验的原理、基本方法和临床意义。熟悉透明质酸酶作用特点。

（二）实验材料

1. 动物　健康家兔 1 只。
2. 细菌　乙型溶血性链球菌培养滤液。
3. 其他　剪刀、一次性注射器及针头、墨汁、生理盐水、75%酒精、2%碘酒、无菌蒸馏水等。

（三）实验方法

1. 取家兔 1 只，将其背部两侧部分毛剪去，用碘酒、酒精消毒。
2. 用吸管吸取 0.5ml 乙型溶血性链球菌培养滤液，放入盛有等量墨汁的小试管内混匀。
3. 用另一支吸管吸取生理盐水 0.5ml 放入盛有等量墨汁的另一支小试管内混匀。
4. 于家兔背部消毒处一侧皮内注射乙型溶血性链球菌培养物滤液与墨汁

的混合液 0.1ml，而另一侧皮内注射生理盐水与墨汁的混合液 0.1ml。

（四）实验结果

注射完毕后，立即测量墨汁注射点黑色区域直径。注射后 1h 观察结果，测量 1h 后的扩散直径并与注射完毕时的直径进行比较（图 2-27）。

图 2-27　透明质酸酶实验

三、破伤风外毒素的毒性实验及抗毒素中和实验

破伤风杆菌在生长繁殖过程中能产生一种毒性蛋白质（破伤风外毒素），破伤风外毒素为一种神经毒素，作用机体引起全身肌肉痉挛，而破伤风抗毒素（tetanus antitoxin，TAT）是针对破伤风外毒素的抗体，可以中和破伤风外毒素使其毒性消失，临床上用于预防和治疗破伤风病。

（一）实验目的

通过动物实验了解破伤风外毒素的作用下所发生的毒性作用以及破伤风抗毒素对破伤风外毒素的中和作用。

（二）实验材料

1. 动物　健康标准体重 25g 小白鼠 2 只。
2. 外毒素、抗毒素　破伤风杆菌培养物滤液、TAT。
3. 其他　无菌注射器、针头、75% 酒精、碘酒、老鼠笼。

(三) 实验方法

1. 取体重 25g 克左右健康小白鼠 2 只，分笼标记 1、2 号。

2. 取 1 号小白鼠，用右手轻拖鼠尾，使其爬行于粗糙物面上，再用左手拇、食指抓紧小白鼠颈部及其两耳，左手掌握住鼠体，以碘酒和 75% 酒精棉球消毒腹部皮肤，用注射器向小白鼠腹腔注射 TAT 0.2ml (1500μ/ml) 经 30min 后，向小白鼠右后肌肉注射破伤风杆菌培养液滤液 0.2ml。

3. 另取小白鼠一只，在不注射 TAT 的情况下向右后腿肌肉注射破伤风杆菌培养物滤液 0.2ml。

4. 将以上两只小白鼠分笼喂养。

5. 结果 观察小白鼠有无发病，发病小白鼠表现为肌肉痉挛，尾部强直，注射破伤风外毒素一侧的下肢麻痹以后逐渐蔓延到另一侧下肢，小白鼠于 2~3h 内死亡。而先期注射了 TAT 的小白鼠无异常表现，说明破伤风外毒素具有很强的毒性作用，而 TAT 具有中和破伤风外毒素的毒性作用（图 2-28）。

图 2-28 各种动物破伤风中毒后的临床表现

四、实 验 报 告

1. 鲎实验报告

（1）记录鲎试验结果于下表。

	待检样品	结果
鲎试剂	标准内毒素	
	痢疾杆菌培养	
	无热内毒素馏水	

（2）鲎实验结果分析。

2. 透明质酸酶实验报告

（1）记录并分析透明质酸酶试验结果。

实验组扩散区直径（mm）	对照组扩散区直径（mm）

（2）透明质酸酶实验结果分析。

3. 破伤风外毒素实验报告

（1）破伤风外毒素毒性试验及抗毒素中和作用。

编号	注射材料	结果：发病/不发病
1	TAT+破伤风杆菌培养滤液	
2	破伤风杆菌培养滤液	

（2）结果分析。

实验二十 球　　菌

球菌是细菌中的一大类，种类繁多，绝大多数属于非致病菌，只有少数对人有致病作用，称病原性球菌。因此类细菌主要引起化脓性炎症，故又称化脓性球菌。根据革兰染色的差异分为两大类，①革兰阳性菌：葡萄球菌、链球菌、肺炎球菌。②革兰阴性菌：脑膜炎球菌、淋球菌。

一、病原性球菌形态和培养物的观察

（一）实验目的

熟悉病原性球菌形态、染色和培养特性。

（二）实验材料

1. 细菌标本　葡萄球菌、链球菌、肺炎球菌、脑膜炎球菌、淋球菌。
2. 培养物
（1）葡萄球菌血液琼脂平板和普通琼脂平板 18~24h 培养物。
（2）链球菌血液琼脂平板 18~24h 培养物。
3. 其他　显微镜、香柏油、二甲苯、擦镜纸。

（三）实验方法

1. 形态观察　使用显微镜油镜观察，注意各种球菌的形态大小、排列和染色特点等。
2. 培养物的观察　注意各种球菌的菌落的大小、形状、表面、边缘、透明度、色素及溶血情况等（图 2-29）。

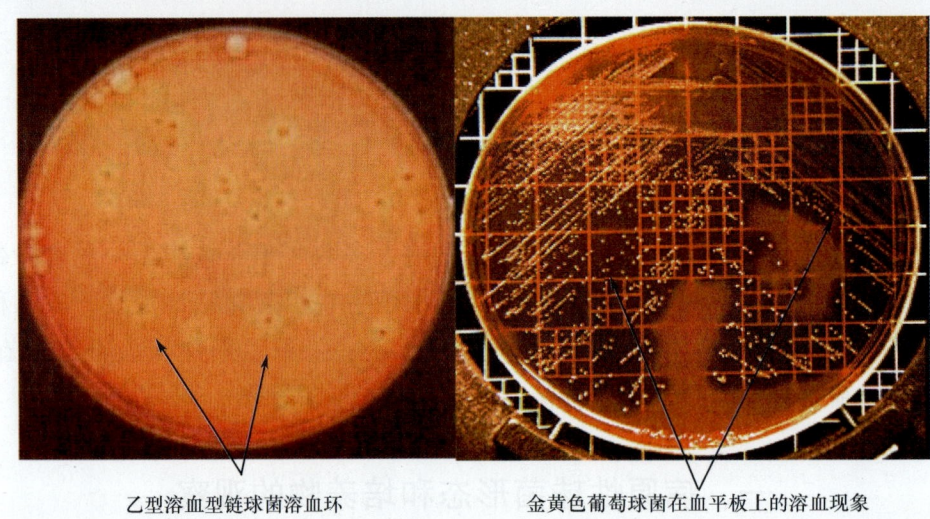

乙型溶血型链球菌溶血环　　　　　金黄色葡萄球菌在血平板上的溶血现象

图 2-29　病原性球菌在血平板上生长现象（溶血）

二、血浆凝固酶实验——玻片法

金黄色葡萄球菌在生长繁殖过程中能产生血浆凝固酶，是金黄色葡萄球菌的主要致病物质，有结合型和分泌型二类，其中结合型血浆凝固酶结合于细菌细胞壁表面，此酶与血浆结合后可使血浆中的纤维蛋白原转变成纤维蛋白，并沉淀于细菌表面使细菌凝集，本次实验是用玻片法检测结合型血浆凝固酶。

（一）实验目的

了解血浆凝固酶实验的原理、方法和意义，学习血浆凝固酶实验玻片法的结果观察及注意事项。

（二）实验材料

1. 细菌　金黄色葡萄球菌、表皮葡萄球菌琼脂斜面或平板 18~24h 培养物

2. 实验材料　兔血浆、玻片、生理盐水、酒精灯等。

(三)实验方法

1. 取生理盐水 2 小滴,分别置于洁净载玻片的两端。

2. 接种环灭菌待冷却后分别取金黄色葡萄球菌和表皮葡萄球菌培养物少许,分别与玻片上生理盐水制成均匀的细菌悬液,观察有无自凝现象。

3. 在细菌悬液内分别加入兔血浆各 1 滴,混匀。如出现颗粒状凝集现象即为阳性。如不立即发生凝集,可稍待 1~2min,并轻轻摇动玻片,加速反应后再观察,若还无凝集现象则为阴性(图 2-30)。

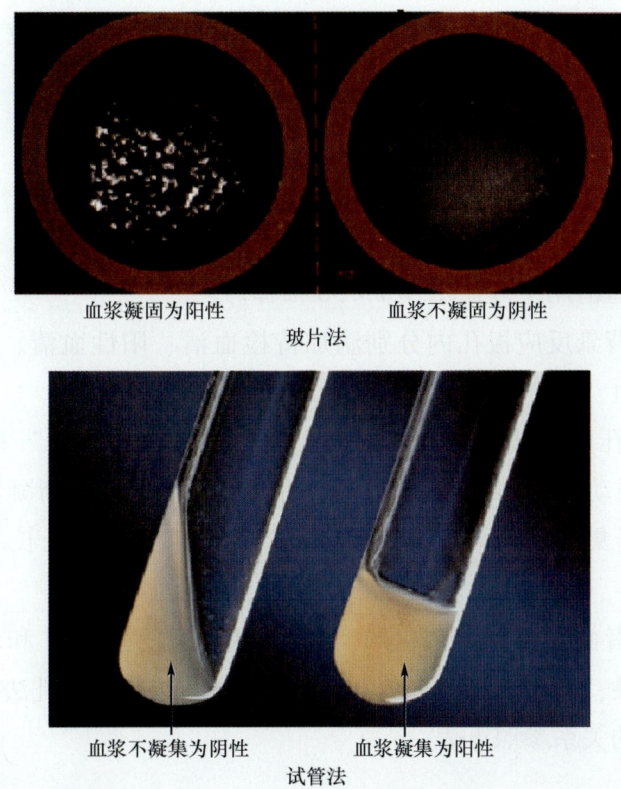

血浆凝固为阳性　　　　血浆不凝固为阴性
玻片法

血浆不凝集为阴性　　　　血浆凝集为阳性
试管法

图 2-30

三、链球菌溶血素"O"抗体测定(间接凝集胶乳法)

风湿性关节炎、急性肾小球肾炎等疾病的发病机理与溶血性链球菌感染有关,溶血性链球菌在生长繁殖过程中可以产生"O"型溶血素,通过检测机体内溶血性链球菌"O"型溶血素抗体的含量来判断近期是否有过链球菌感染，从而辅助诊断上述疾病。

（一）实验目的

掌握抗"O"实验的原理，方法和临床意义。

（二）实验材料

1. 标本　待测血清。
2. 试剂　抗链球菌溶血素"O"胶乳试剂盒（有商品供应，使用时仔细研读产品说明书）。
3. 其他　黑色反应板等。

（三）实验方法

1. 将待检血清用生理盐水作1∶50稀释。
2. 在黑色背景反应板孔内分别滴加待检血清、阳性血清、阴性血清各1滴，再各加溶血"O"1滴，轻轻摇匀2min，使其充分混匀。
3. 然后各孔分别滴加溶血素"O"胶乳（吸附了"O"型溶血素的胶乳）1滴轻轻摇动3~5min（具体按说明书操作），出现清晰凝集为阳性，效价1∶50。不凝集为阴性。如温度较高或较低可缩短或延长1~2min观察结果。
4. 将阳性者血清再按1∶80、1∶100稀释、重复上述2和3步骤，有清晰凝集者为阳性，效价分别为1∶80、1∶100。间接凝集胶乳法血清效价与溶血法效价之间的关系参照下表。

间接凝集胶乳法效价与溶血法效价相关表

血清效价（间接凝集胶乳法）	ASO效价（溶血法）
1∶50≥500	
1∶80≥833	
1∶100≥1000	

四、实验报告

（一）病原性球菌形态和培养物的观察实验报告

1. 病原性球菌形态绘图。

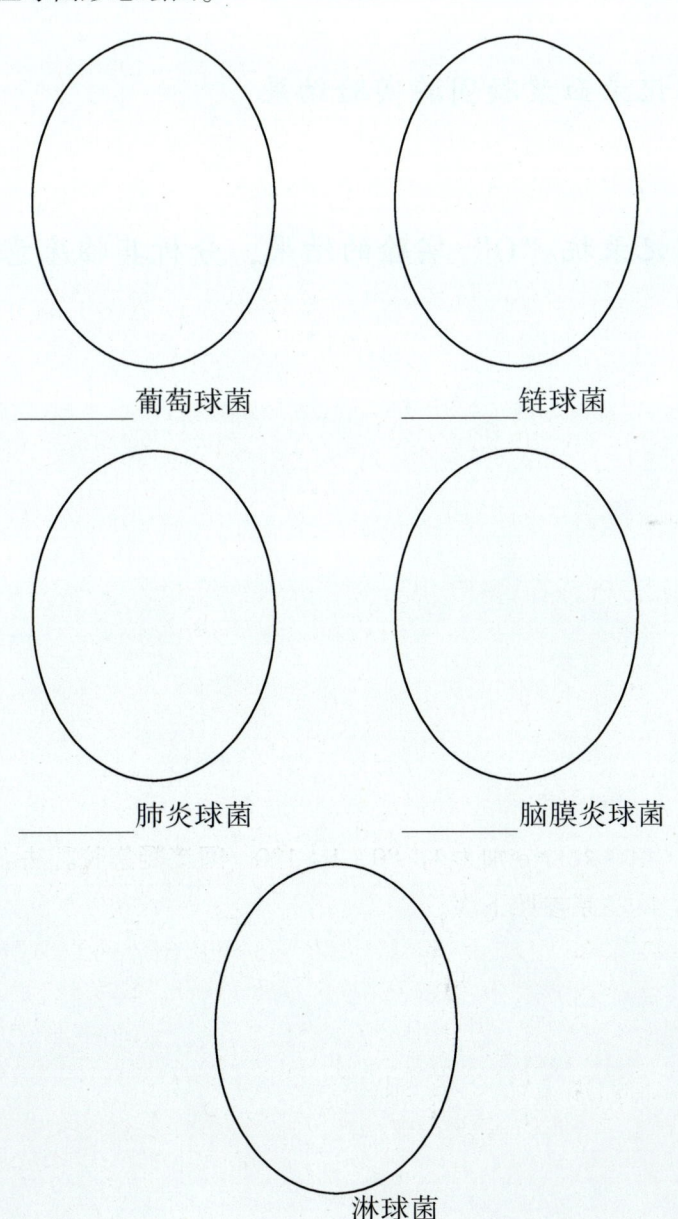

2. 葡萄球菌和链球菌在血平板上的溶血情况。

细菌名称	溶血情况	细菌名称	溶血情况
金黄色葡萄球菌		甲型链球菌	
白色葡萄球菌		乙型链球菌	
柠檬色葡萄球菌		丙型链球菌	

（二）记录血浆凝固酶实验结果。

（三）记录抗"O"实验的结果，分析其临床意义？

实验二十一 肠道杆菌

肠道杆菌是一大群生物学性状相似的革兰阴性杆菌,通常寄居在人和动物的肠道内。肠道杆菌中绝大多数细菌是肠道中的正常菌群,少数为致病菌如痢疾杆菌、伤寒杆菌及致病性大肠杆菌等。

一、肠道杆菌形态和培养物的观察

(一) 实验目的

1. 熟悉肠道杆菌的形态、染色特性。
2. 熟悉肠道杆菌在肠道鉴别培养基中菌落的特征及生化反应。

(二) 实验材料

1. 细菌标本 痢疾杆菌、大肠杆菌、伤寒杆菌、变形杆菌。
2. 培养物 痢疾杆菌、大肠杆菌、伤寒杆菌、变形杆菌在 SS 平板、中国蓝平板、葡萄糖和乳糖发酵管、KIA 斜面、半固体、蛋白胨水及变形杆菌在血平板或普通琼脂平板 18~24h 的培养物。
3. 其他 靛基质试剂、显微镜等。

(三) 实验方法

1. 形态的观察 注意各种肠道杆菌的形态、大小、排列及染色特点等。
2. 培养物的观察

(1) 肠道杆菌培养物观察:注意肠道杆菌菌落的大小、形态、边缘、透明度和颜色等。

1) SS 琼脂平板:非发酵乳糖菌(痢疾杆菌、伤寒杆菌、变形杆菌)菌落无色透明,较细小。发酵乳糖菌(大肠杆菌)菌落粉红色,较大而不透明。(SS 琼脂平板是针对痢疾杆菌、伤寒杆菌的一种选择鉴别培养基,在 SS

琼脂平板中加有乳糖和中性红指示剂，中性红指示剂在酸性环境中为红色，在碱性环境中无色或淡黄色，如果某细菌能分解乳糖产酸，菌落为红色。如果细菌不能分解乳糖不产酸，菌落为无色）（图2-31）。

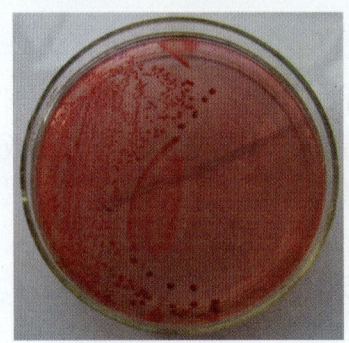 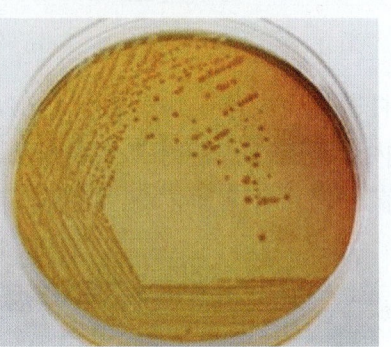

大肠杆菌分解乳糖产　　　　　致病菌(如伤寒杆菌)不分
酸使菌落呈红色　　　　　　解乳糖不产酸菌落无色

图2-31　肠道杆菌在SS培养基中菌落特点

2）中国蓝平板：细菌不发酵乳糖菌，菌落无色或淡黄色，发酵乳糖菌，菌落为蓝色（中国蓝培养基的基本原理和SS培养基基本相同，只是其中的指示剂不是中性红而是中国蓝，中国兰在酸性环境中为蓝色，在碱性环境中无色或淡黄色）（图2-32）。

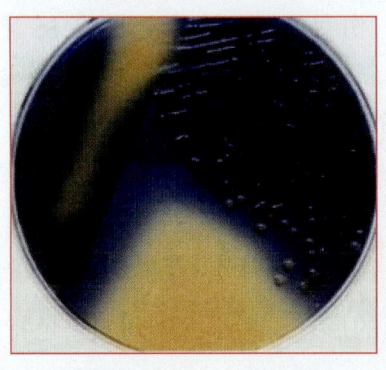 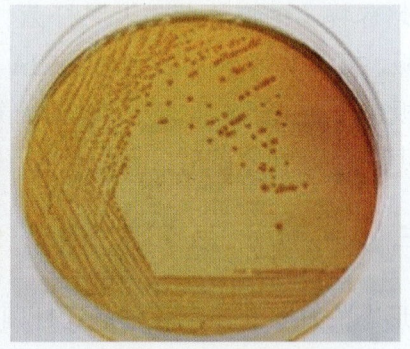

图2-32　肠道杆菌在中国蓝培养基中生长情况

3）迁徙现象：在血平板上或普通琼脂平板上变形杆菌可出现生长迁徙现象（有鞭毛的细菌如变形杆菌能运动，在培养基生长时呈扩散生长现象，也就是迁徙现象）（图2-33）。

4）半固体培养基：用接种针在半固体培养基正中向下穿刺接种细菌，有

图 2-33　细菌在固体平板培养基中迁徙生长现象

鞭毛的细菌（大肠杆菌、伤寒杆菌、变形杆菌）沿穿刺线向两边扩散生长，穿刺线模糊，周围浑浊。无鞭毛的细菌（痢疾杆菌）沿穿刺线生长，穿刺线清晰，周围清亮透明（图 2-34）。

无鞭毛　　有鞭毛

图 2-34　细菌在半固体培养基中生长现象

（2）细菌生化反应

1）糖发酵实验：根据细菌在糖发酵管中生长时是否分解其中的糖（葡萄糖、乳糖等）而产酸、产气可以鉴定细菌。实验过程中仔细观察糖发酵管颜色的变化，小倒管内有无气体。紫色阴性，黄色阳性（在糖发酵管中加有溴甲酚紫指示剂，溴甲酚紫在酸性环境中呈黄色，碱性环境中呈紫色）（图 2-35）。

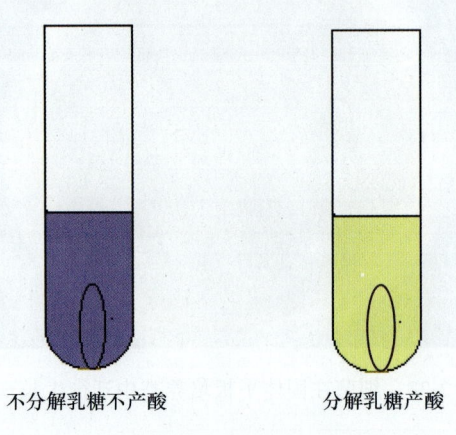

不分解乳糖不产酸　　　分解乳糖产酸

图 2-35　糖发酵实验

2）克氏双糖含铁培养基（KIA）斜面：仔细观察斜面，底层颜色及气体（KIA 培养基中加有乳糖、葡萄糖及铁元素，指示剂为酚红，酚红指示剂在酸性环境呈中黄色、碱性环境中呈红色。如果细菌分解其中的糖产酸则指示剂变成黄，否则指示剂呈红色。如果细菌分解培养基中的含硫氨基酸产生硫化氢，硫化氢与铁结合则出现黑色沉淀）（图 2-36）。

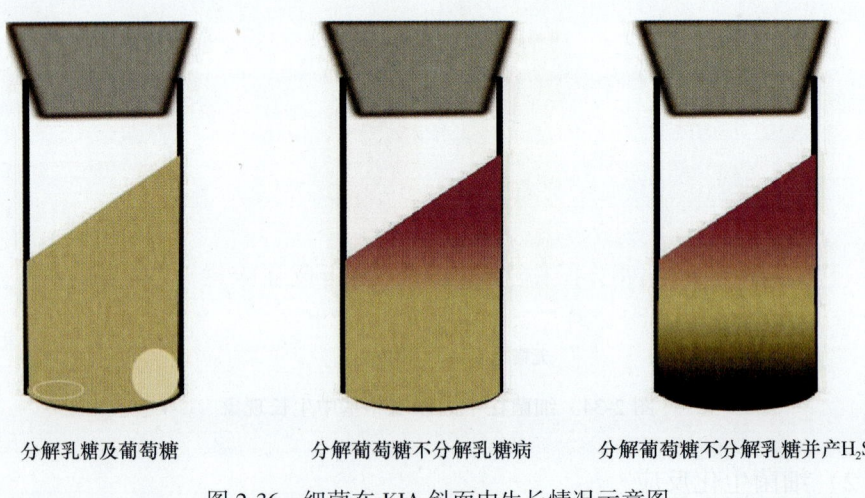

分解乳糖及葡萄糖　　　分解葡萄糖不分解乳糖病　　　分解葡萄糖不分解乳糖并产H_2S

图 2-36　细菌在 KIA 斜面中生长情况示意图

3）蛋白胨水培养物（靛基质实验）：细菌蛋白胨水培养基经 18~24h 培养后，在培养物加入靛基质试剂数滴，轻轻摇动，稍候观察试剂变化。玫瑰红色为阳性，黄色为阴性（某些细菌可以分解培养基中的色氨酸而产生靛基质，靛基质与靛基质试剂结合出现红色反应为阳性，不变色为阴性）（图2-37）。

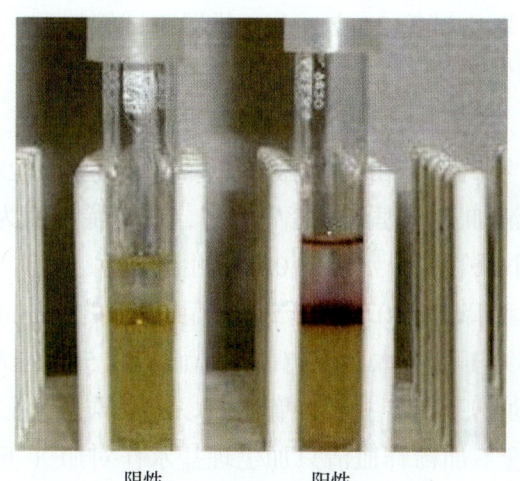

阴性　　　　阳性

图 2-37　靛基质实验

二、肥 达 反 应

用已知的伤寒及副伤寒抗原检测患者血清中相应的抗体辅助诊断伤寒和副伤寒的血清学实验称肥达反应。此实验的基本原理是当感染某病原体时，机体内会产生相应的抗体，同时随着病情发展抗体会逐渐升高，可以通过分析抗体含量的变化可以辅助诊断相关的疾病。

（一）实验目的

熟悉肥达反应的原理、操作过程、结果分析及临床意义。

（二）实验材料

1. 诊断菌液　伤寒杆菌"O""H"菌液、甲型副伤寒（PA）和乙型副伤寒"H"菌液（PB）。
2. 标本　待检血清。
3. 其他　生理盐水、试管架、中号试管、小试管、干燥清洁吸管和橡皮吸球、水浴箱。

（三）实验方法

1. 放置试管　取小试管24支，分4排置于试管架上，于每排第1管分别标记O、H、PA、PB符号。

2. 血清稀释

（1）取1支中号试管，在此试管中加入4.5ml生理盐水，再用1支吸管吸取0.5ml待检血清加入生理盐水管中混匀，血清稀释度为1∶10。

（2）在24支小试管中分别加入0.5ml生理盐水。

（3）取1∶10稀释血清0.5ml于每排第1管中的0.5ml生理盐水混匀。

（4）从第1排第1管中取出混匀的稀释血清0.5ml加入第1排第2管中，混匀后取出0.5ml加入到第1排第3管中，以此类推至第1排第5管混匀后取0.5ml弃去，第6管不加稀释血清只加生理盐水作对照（下同）。

（5）从第2排、第3排、第4排第1管中分别取0.5ml加入相应排的第2管，方法同（4）。

3. 加诊断菌液　根据每排第1管标记符号，每管中加相应的诊断菌液0.5ml，第1排加H菌液，第2排加O菌液，第3排加PA菌液，第4排加PB菌液，血清稀释度依次为1∶40、1∶80、1∶160、1∶320、1∶640。

4. 轻轻振摇试管架，使其混匀，置于37℃温箱或水浴箱过夜，第2天观察结果。

5. 结果判断

（1）++++：上清液完全清亮透明，细菌全部凝集于管底。

（2）+++：上清液稍浑浊，约75%细菌凝集于管底。

（3）++：上清液中度浑浊，约50%细菌凝集于管底。

（4）+：上清液很浑浊，仅小部分细菌被凝集。

（5）-：液体浑浊如对照管，无凝集块。

（四）判断效价

以出现++凝集的最高血清稀释度为该血清的凝集效价。

三、实验报告

1. 肠道杆菌的形态绘图。

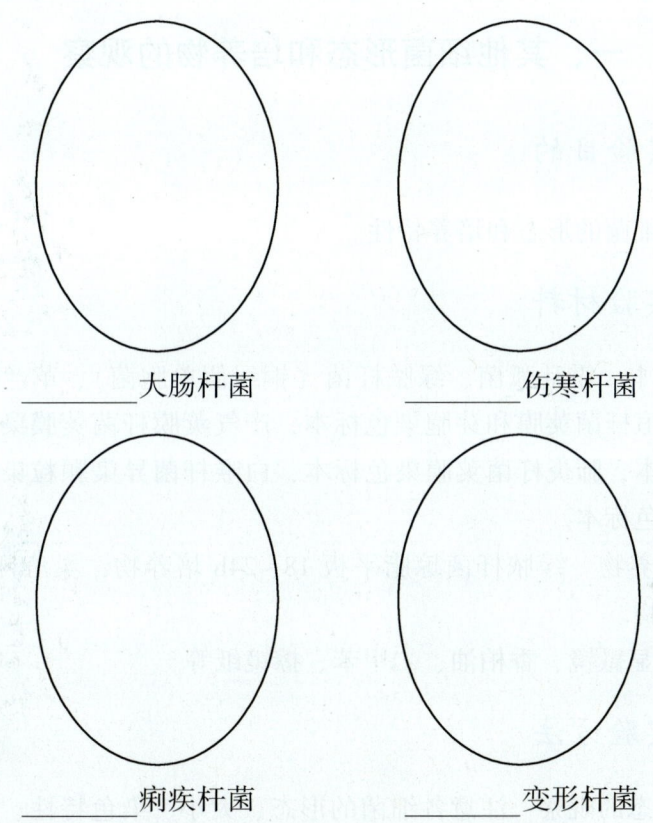

　　　　大肠杆菌　　　　　　　伤寒杆菌

　　　　痢疾杆菌　　　　　　　变形杆菌

2. 记录肠道杆菌的培养特性及生化反应。

项目	大肠杆菌	痢疾杆菌	伤寒杆菌	变形杆菌
SS琼脂平板菌落特征				
中国蓝平板菌落特征				
葡萄糖发酵				
乳糖发酵				
动力				
H_2S				
靛基质				
迁徙现象				

3. 记录肥达反应的结果，并进行结果分析。

实验二十二 其他细菌

一、其他细菌形态和培养物的观察

(一) 实验目的

熟悉其他细菌的形态和培养特性。

(二) 实验材料

1. 细菌标本　霍乱弧菌、绿脓杆菌（铜绿假单胞菌）、革兰染色及鞭毛染色标本，炭疽杆菌荚膜和芽胞染色标本，产气荚膜杆菌荚膜染色标本，肉毒杆菌芽胞标本，肺炎杆菌荚膜染色标本，白喉杆菌异染颗粒染色标本，结核杆菌抗酸染色标本。

2. 细菌培养物　绿脓杆菌琼脂平板 18~24h 培养物，炭疽杆菌（无毒）琼脂平板培养物。

3. 其他　显微镜、香柏油、二甲苯、擦镜纸等。

(三) 实验方法

1. 细菌形态的观察　注意各细菌的形态、大小、染色特性、排列方法及有无特殊结构。

2. 培养物的观察　注意菌落的形态、大小、透明度、边缘、湿润度、色素等。

二、厌氧培养法

(一) 实验目的

了解厌氧培养的方法，熟悉破伤风杆菌等厌氧菌的培养特性。

(二) 实验材料

1. 细菌　破伤风杆菌等厌氧菌。

2. 培养基　疱肉培养基、牛乳培养基、血平板。

3. 其他　焦性没食子酸、普通天平、药勺、小块纱布、胶布、石蜡、凡士林等。

（三）实验方法

1. 疱肉培养基培养法

（1）疱肉培养基制备：取新鲜牛肉，去除脂肪及筋膜，剁碎后放锅内煮1~2h后，用纱布过滤，取一大号试管将少量肉渣装入试管低部，再加少量的肉汤，上面用凡士林封口后高温灭菌既成。

（2）接种厌氧菌：接种时将疱肉培养基表面的凡士林稍加热熔化，斜持试管片刻，使凡士林黏附于试管一侧，用接种环挑取破伤风杆菌培养物接种入肉渣中并使充分混合于肉渣中，再将凡士林稍加熔化，覆盖于培养基表面，置于37℃培养箱培养24~48h观察结果。

（3）结果：培养结果液体部分微混，疱肉变色，有腐败臭味。

（附：汹涌发酵实验，产气荚膜杆菌在牛乳培养基中生长，可以分解其中的糖产酸，使蛋白质凝固，紧接着产生大量的气体，迅速把凝固的蛋白质冲散，此现象称汹涌发酵）（图2-38）。

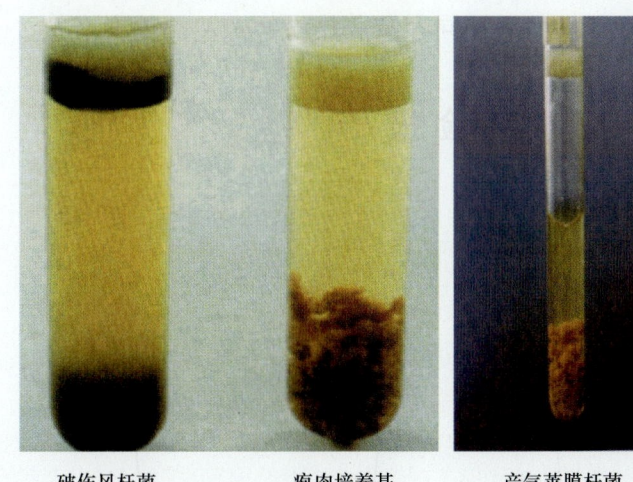

破伤风杆菌　　疱肉培养基　　产气荚膜杆菌　　汹涌发酵(产气荚膜杆菌)

图2-38　细菌的厌氧培养法（疱肉培养基法、牛乳培养基法）

2. 焦性没食子酸法——平板法　取大号平皿盖1个，在无菌条件下取焦性没食子酸1g，包于两层纱布内，放置于平皿盖中央，用胶布将其固定，加

10%的 NaOH 1ml 于纱布包上,迅速将已接种破伤风杆菌的血液琼脂平皿反盖于其上(纱布包不应与培养基表面接触),用熔化的石蜡封闭平皿四周,置37℃温箱培养 24~48h 后,打开观察结果。破伤风杆菌在培养基中呈移行生长,菌落呈薄膜状,边沿不齐(图 2-39)。

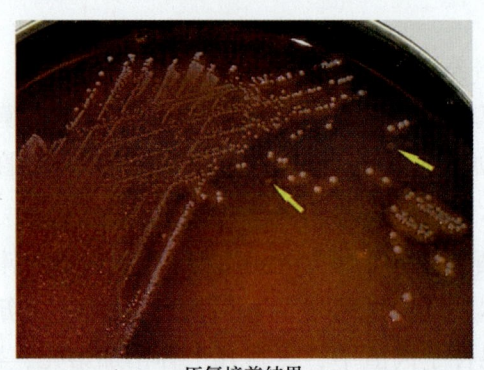

厌氧培养结果

图 2-39 细菌的厌氧培养法(焦性没食子酸法)

3. 烛缸法 将已接种细菌或标本的培养基平板、液体培养基,置于容量 2000ml 的磨口标本缸或干燥器内,缸盖和缸口涂抹凡士林,放入小段点燃的蜡烛于缸内(勿靠近缸壁,以免烤热缸而炸裂),盖密缸盖。缸内蜡烛点燃数分钟后因氧减少而自行熄灭。然后连同容器一并置于37℃温箱中培养。

三、实验报告

1. 镜下细菌标本绘图。

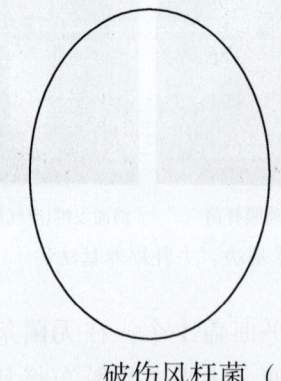 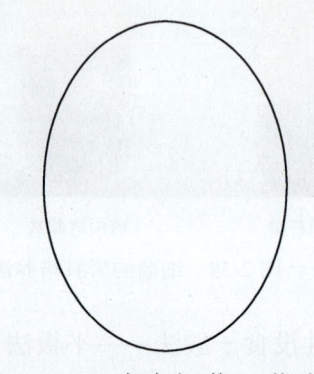

_____破伤风杆菌(芽胞)　　_____肉毒杆菌(芽胞)

实验二十二　其他细菌

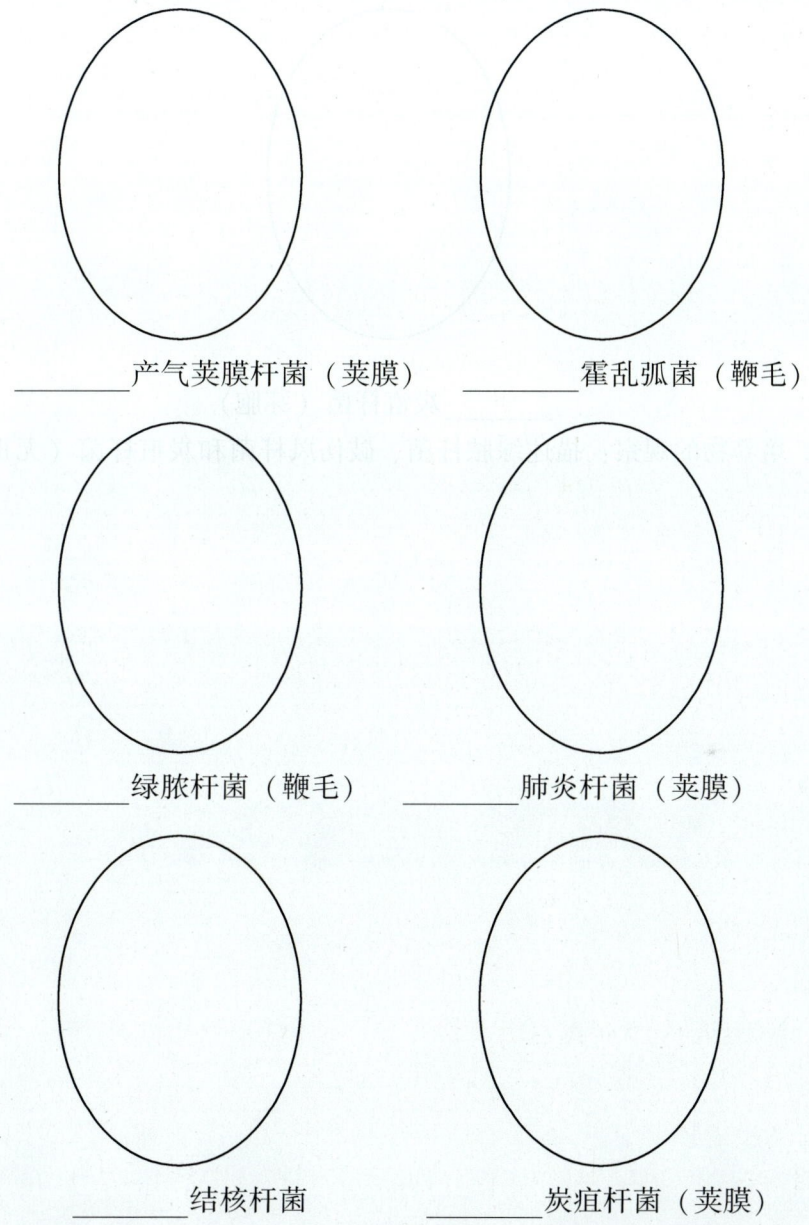

　　　　产气荚膜杆菌（荚膜）　　　　　霍乱弧菌（鞭毛）

　　　　绿脓杆菌（鞭毛）　　　　　　　肺炎杆菌（荚膜）

　　　　结核杆菌　　　　　　　　　　　炭疽杆菌（荚膜）

_____炭疽杆菌（芽胞）

2. 培养物的观察：描述绿脓杆菌、破伤风杆菌和炭疽杆菌（无毒）培养特性。

实验二十三　快速抗酸染色法

结核分枝杆菌细胞壁富含脂质，在一般性染色时不易着色，但是如果延长染色时间可以使其着色，而且细菌一旦着色又能抵抗盐酸酒精的脱色，又称抗酸性细菌。

一、实验目的

初步学会抗酸染色方法，学习抗酸性细菌和非抗酸性细菌的形态特点，了解抗酸染色的医学意义。

二、实验材料

1. 标本　肺结核病人痰标本（或卡介苗与正常人痰液混合标本）。
2. 抗酸染色剂　快速抗酸染色液试剂盒（有商品供应，包括 R1：石灰复红染色液、R2：加速剂、R3：盐酸酒精、R4：碱性美蓝）。
3. 其他　显微镜，载玻片，接种环或牙签，酒精灯等。

三、实验方法

1. 制片　将标本均匀涂布于洁净载玻片上，自然干燥，火焰固定。
2. 染色　冷却后加 R1、R2 各 1~2 滴覆盖标本，初染 60s（无需加热）后细水流冲洗。用 R3 脱色至玻片上无红色流下为止，细水流冲洗。用 R4 复染 1min，细水流冲洗，待干后镜检。
3. 结果　抗酸性细菌染成红色，非抗酸性细菌及细胞染成蓝色。

四、实验报告

1. 绘制镜下标本图。

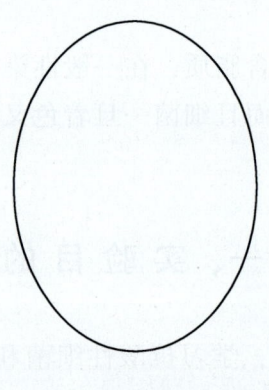

　　　　　　镜下观察图

2. 抗酸染色法常用于哪些细菌的染色，非抗酸菌染成何种颜色？

附　临床标本细菌学检验

1. 临床标本细菌检验的基本程序

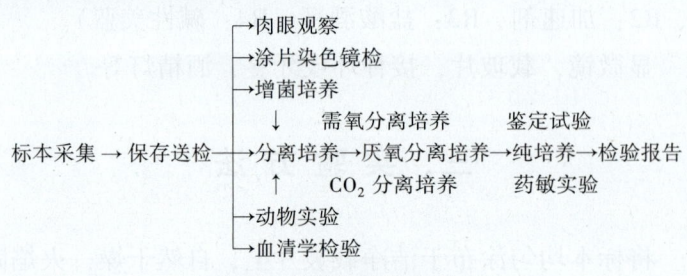

临床细菌学检验基本程序

2. 血液标本细菌学检验程序

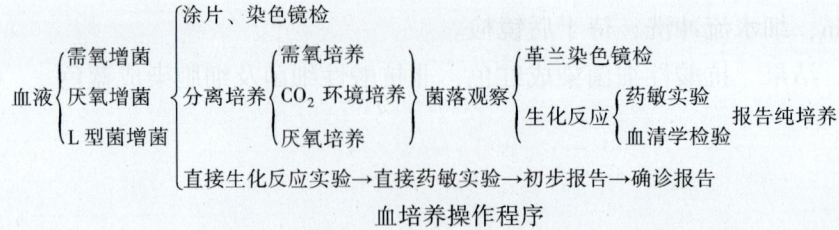

血培养操作程序

3. 粪便标本细菌学检验程序

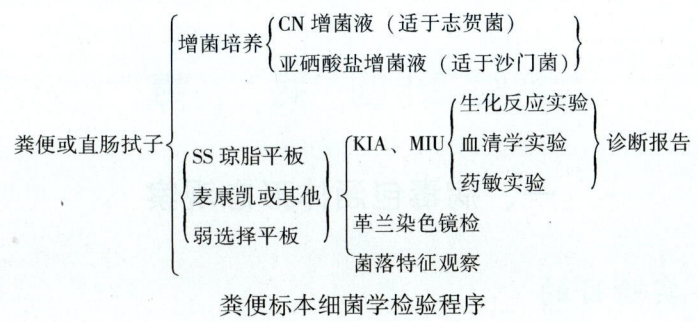

粪便标本细菌学检验程序

实验二十四 病　　毒

一、病毒包涵体形态观察

（一）实验目的

熟悉病毒包涵体的形态特征。

（二）实验材料

狂犬病毒包涵体（脑组织切片、HE 染色），显微镜等。

（三）实验方法

用显微镜注意观察内基氏小体（狂犬病毒包涵体）形态、大小、染色特点及在神经细胞的位置等。

二、病毒血清学反应

（一）血球凝集实验

1. 实验目的　学习血球凝集实验的基本原理、操作过程及临床意义。
2. 实验材料
(1) 病毒标本：接种病毒标本的鸡胚尿囊液、羊水或人胚肾细胞培养液。
(2) 其他：生理盐水、1%鸡红细胞悬液、塑料板、吸管、橡皮吸球。
3. 实验方法
(1) 标记：取塑料板 1 块标记各孔。
(2) 加样：
1) 生理盐水：用吸管于第 1 孔加生理盐水 0.9ml，其他各孔加 0.25ml。

2）病毒标本：另取 1ml 吸管取病毒标本 0.1ml 加入第 1 孔内；从第 1 孔中吸出 0.5ml 弃去，再吸出 0.25ml 放入第 2 孔；再从第 2 孔混合液中吸出 0.25ml 至第 3 孔，依次至最后 1 孔，最后 1 孔吸出的 0.25ml 弃去（用吸管吸病毒液时，应来回吸入吹出 3 次，每次吸入的液体不得超过 0.5ml）。

3）鸡红细胞：从第 1 孔起每孔各加 1% 鸡红细胞悬液 0.25ml（每个实验至少要有 1 孔为细胞对照，即内先加 1% 鸡红细胞悬液 0.25ml，然后再加 0.25ml 生理盐水）。

4）反应：置室温（26℃左右）30min、45min、1h 各观察 1 次，以 45min 结果为准。

4. 实验结果：观察是否有红细胞凝集现象（滴度以病毒的原始稀释倍数表示）。

（二）血球凝集抑制实验

1. 实验目的　学习血球凝集抑制实验的基本原理、操作过程及临床意义。

2. 实验材料

（1）病毒液：血球凝集抑制实验用病毒为 4 个血球凝集单位，如病毒的血凝效价为 1/320，使用 4 个单位时即将病毒稀释为 1/80（测定病毒血球凝集效价方法同上）。

（2）血清：标准诊断血清。

（3）其他：生理盐水、1% 鸡红细胞悬液、塑料板、无菌吸管、橡皮吸球。

3. 实验方法

（1）标记：取塑料板一块标记各孔。

（2）加样：

1）试验孔：

①每孔各加生理盐水 0.25ml。

②标准血清：每孔加 0.25ml（1/10 稀释开始，作倍比稀释至 1/1280 或更高，稀释方法同上）。

③病毒液：每孔加入含 4 个单位的病毒液 0.25ml。

④鸡红细胞：每孔各加 1% 鸡红细胞悬液 0.5ml。

2）对照孔：血清对照孔血清稀释度和第一个孔要相同（一般为 1/10），但不加病毒液，只加 0.25ml 生理盐水、1% 鸡红血球悬液 0.5ml。

3）血球对照孔加生理盐水 0.25ml，1% 鸡红血球悬液 0.25ml。

（3）反应：混合静置经 30min、1h 各观察一次，以 1h 结果为准。

4. 实验结果　观察是否红细胞凝集现象（以完全抑制的一孔为终点，不凝集者为阳性，所有滴度均以血清的原始稀释倍数表示）。

三、实验报告

1. 记录实验结果并进行分析。
2. 解释血凝实验和血凝抑制实验的原理。

实验二十五　其他微生物

一、实验目的

熟悉螺旋体、支原体、真菌等的形态、排列、染色等特征。

二、实验材料

（一）玻片标本

1. 螺旋体标本　钩端螺旋体、梅毒螺旋体镀银染色标本，疏螺旋体墨汁染色标本。
2. 支原体培养物　支原体培养物（菌落）、形态染色标本。
3. 真菌标本　白色念珠菌革兰染色标本片。新型隐球菌墨汁染色标本片。真菌菌丝染色、真菌孢子（叶状孢子、大分生孢子和厚膜孢子）标本片。

（二）其他

显微镜、镜油、擦镜纸等。

三、实验方法

在显微镜下注意观察上述各种微生物的形态、大小、排列、染色特点。根据需要可选择低倍镜、高倍镜和油镜。

四、实验报告

镜下标本绘图。

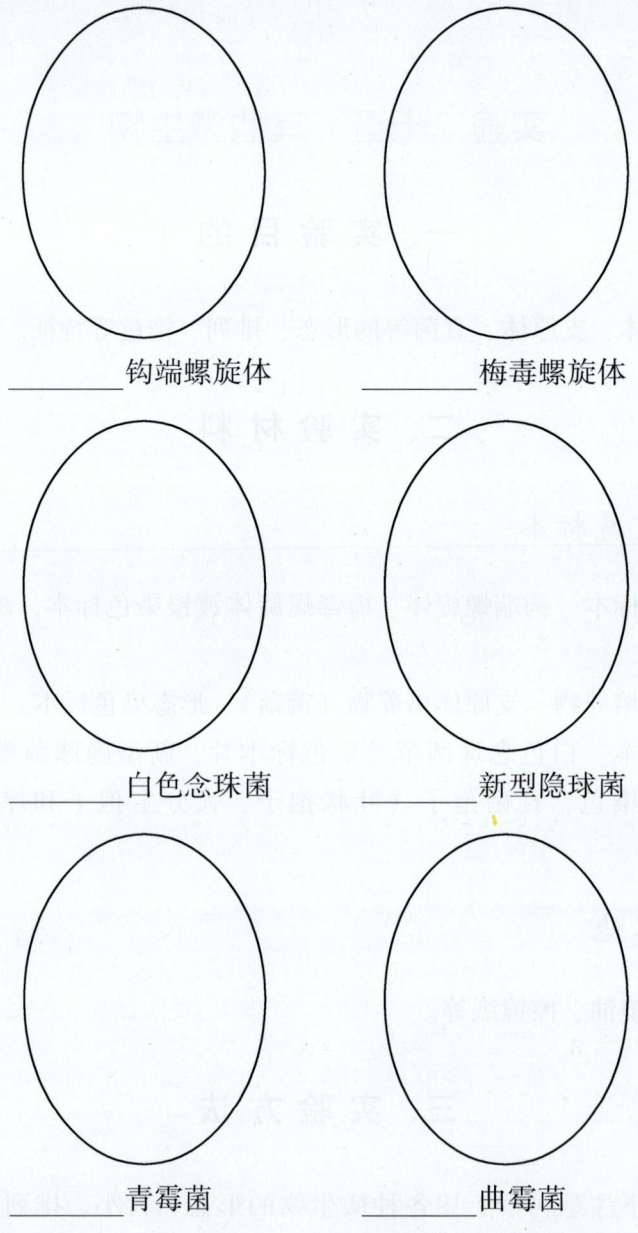

_____钩端螺旋体　　　_____梅毒螺旋体

_____白色念珠菌　　　_____新型隐球菌

_____青霉菌　　　　　_____曲霉菌

第三篇 人体寄生虫学

实验二十六 线　　虫

线虫属于线形动物门、线虫纲，种类繁多，对人类有致病作用的只有少数，包括主要寄生于肠道内的蛔虫、钩虫、蛲虫及鞭虫等和主要寄生于组织内的丝虫、旋毛虫等。掌握上述寄生虫成虫、虫卵及幼虫的形态、结构特点有助于寄生虫病的诊断及防治。

一、实验目的

1. 熟悉蛔虫卵、鞭虫卵、钩虫卵和蛲虫卵的形态特点。
2. 熟悉旋毛虫囊包的形态特征。
3. 熟悉微丝蚴的形态特征。
4. 认识蛔虫、鞭虫、蛲虫和钩虫的成虫。
5. 了解两种钩虫的主要区别。
6. 了解两种微丝蚴的主要区别。

二、实验材料及方法

1. 蛔虫标本　蛔虫卵玻片标本、蛔虫含蚴卵及脱蛋白质膜玻片标本，先用低倍镜寻找虫卵，然后将虫卵移到视野中央，换高倍镜仔细观察其形态、大小、颜色、卵壳的结构和内容物。

2. 蛲虫标本　观察方法同上，但蛲虫卵无色透明，故光线不要太强。仔细观察其形状、大小、卵壳的厚薄及卵内幼虫等特点。

3. 钩虫标本　观察方法同蛲虫卵。仔细观察其形状、大小、颜色及卵壳的厚薄、卵细胞的分裂情况及卵细胞与卵壳间的间隙（注意与脱蛋白质膜蛔虫卵的区别）。

4. 鞭虫卵玻片标本　观察方法同上。仔细观察其形态、大小、颜色、卵壳的结构和内容物。

5. 蛔虫成虫浸制标本　用肉眼观察虫体的外形、大小、颜色侧线部位和雌雄虫的区别。

6. 蛔虫头端唇瓣玻片标本　注意观察唇瓣的形状和排列。

7. 雄蛔虫尾部交合刺玻片标本　观察交合刺的形状（图 3-1）。

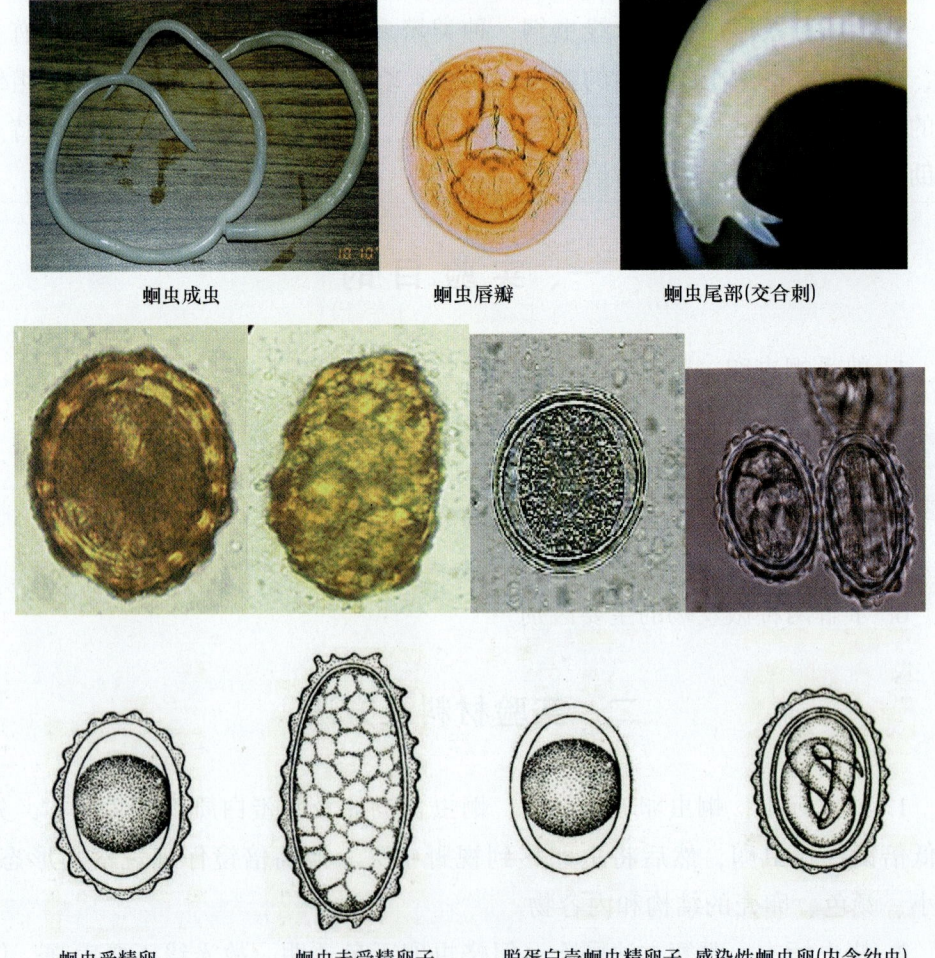

蛔虫成虫　　　　　　蛔虫唇瓣　　　　　　蛔虫尾部(交合刺)

蛔虫受精卵　　蛔虫未受精卵子　脱蛋白壳蛔虫精卵子　感染性蛔虫卵(内含幼虫)
（上图为镜下观察图，下图为示意图）

图 3-1　蛔虫成虫、唇瓣、交合刺、各期虫卵及生活史

8. **蛲虫成虫浸制标本** 肉眼观察其颜色、大小和自然体态等特点（图 3-2）。

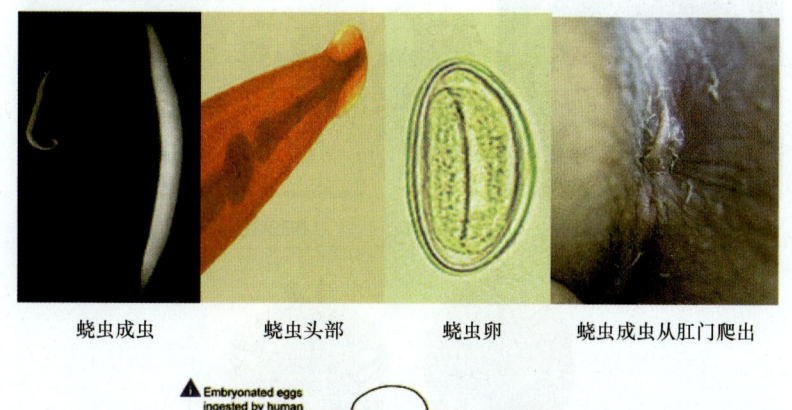

蛲虫成虫　　　蛲虫头部　　　蛲虫卵　　　蛲虫成虫从肛门爬出

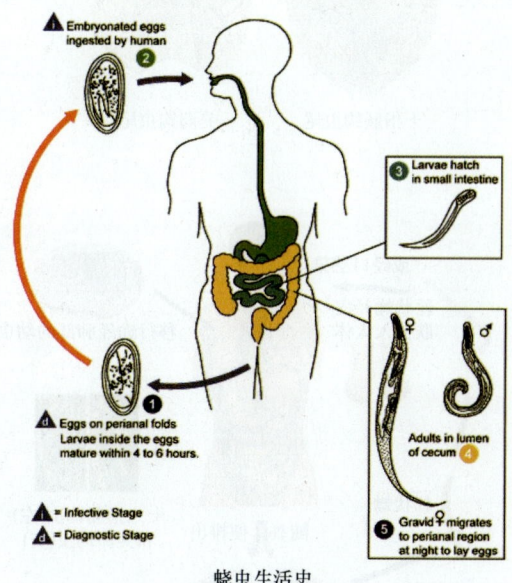

蛲虫生活史

图 3-2　蛲虫各期形态及生活史

9. **钩虫成虫浸制标本** 注意观察两种钩虫的大小、形态，并能加以区别。

10. **两种钩虫头部玻片标本** 注意观察口囊内钩齿和板齿的形状及数目，并注意区别。

11. **两种钩虫雄虫尾部玻片标本** 注意观察交合伞和交合刺的形态特征，并注意区别（图 3-3）。

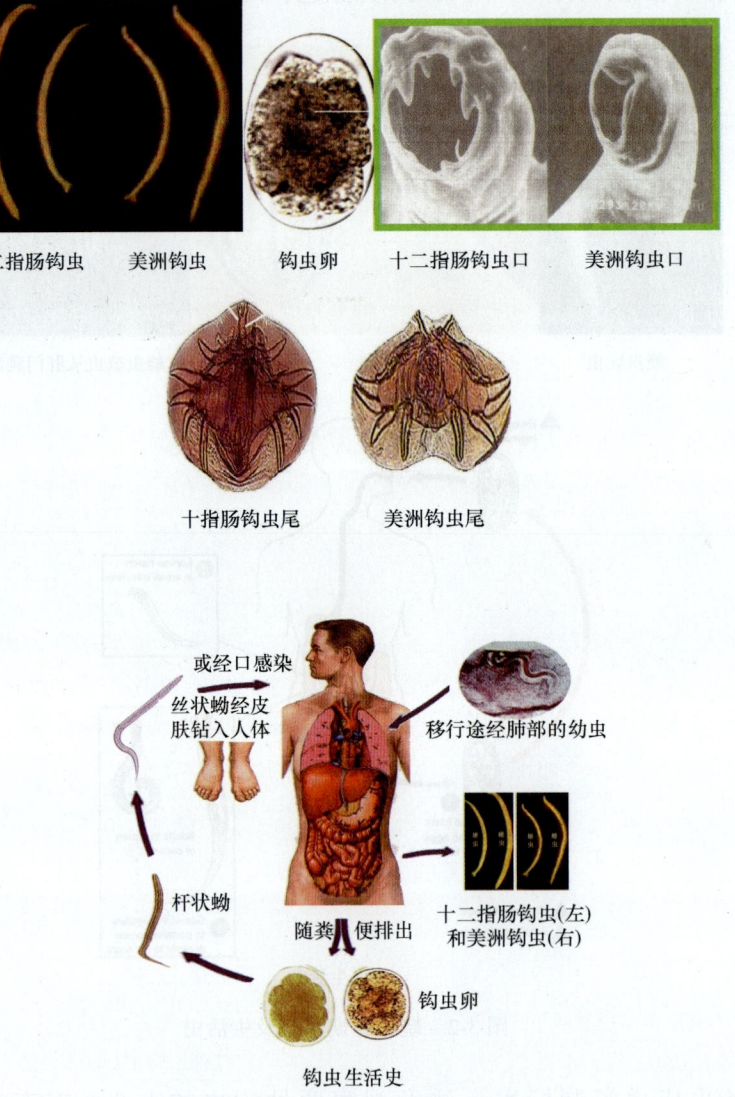

图 3-3 钩虫的各期形态及生活史

12. 鞭虫成虫浸制标本 注意观察虫体的外形、大小、颜色、体态及雌雄虫的区别（图 3-4）。

13. 两种微丝蚴玻片标本 先用低倍镜找到虫体后，再换高倍镜仔细观察其大小、形态、体核的排列，头间隙的长短及尾核的有无等特征。比较两种微丝蚴的区别。

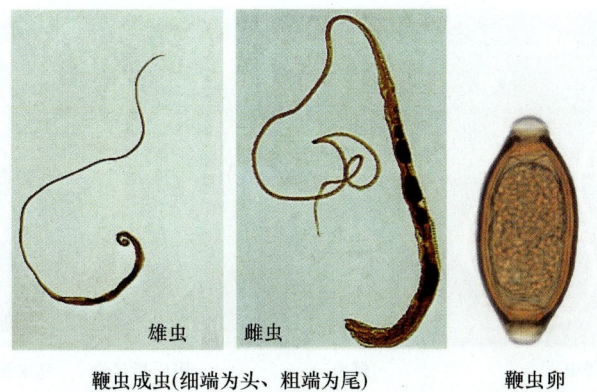

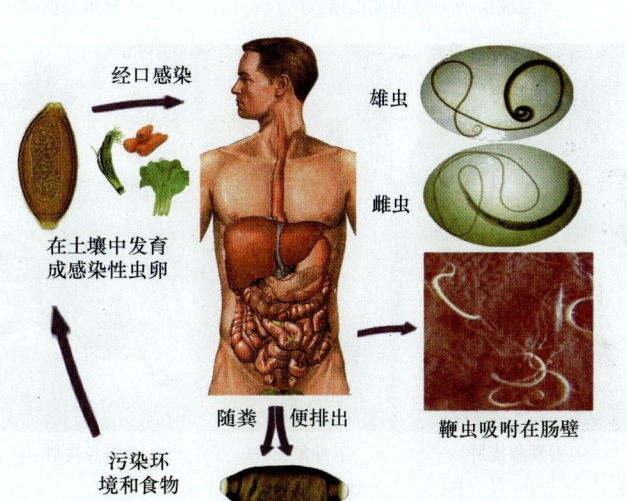

图 3-4　鞭虫的各期形态及生活史

14. 丝虫成虫浸制标本　注意观察其外形、大小、颜色、体态等。
15. 丝状蚴正从蚊喙内逸出的照片。
16. 晚期丝虫病患者的象皮肿体征照（图 3-5）。
17. 旋毛虫囊包玻片标本　低倍镜下观察囊内幼虫的形态、大小及囊壁的结构（图 3-6）。

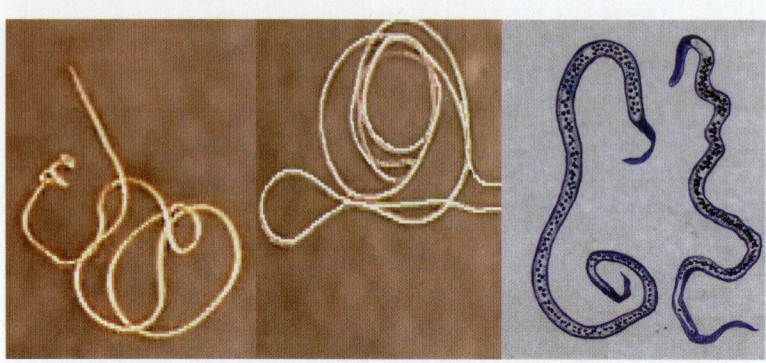

雄虫　　　　　　雌虫　　　　　班氏微丝蚴　马来微丝蚴
　　丝虫成虫(两种丝虫成虫相似)　　　　丝虫幼虫(微丝蚴)

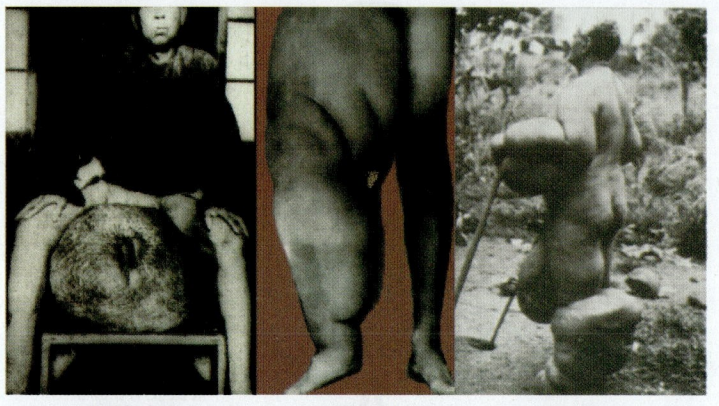

阴囊象皮肿　　　下身象皮肿　　　全身象皮肿
　　　　　　丝虫病人象皮肿

图 3-5　丝虫成虫、幼虫及晚期丝虫病临床表现（象皮肿）

雄虫　　　　　　雌虫
　　　旋毛虫成虫

实验二十六　线　虫　109

肌肉中的旋毛虫囊包

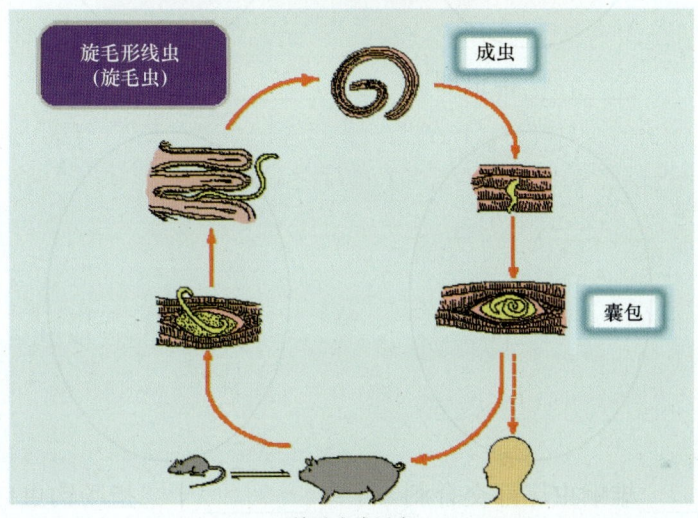

旋毛虫生活史

图 3-6　旋毛虫成虫、囊包及生活史

三、实　验　报　告

绘制所观察到的虫卵及部分虫体的结构

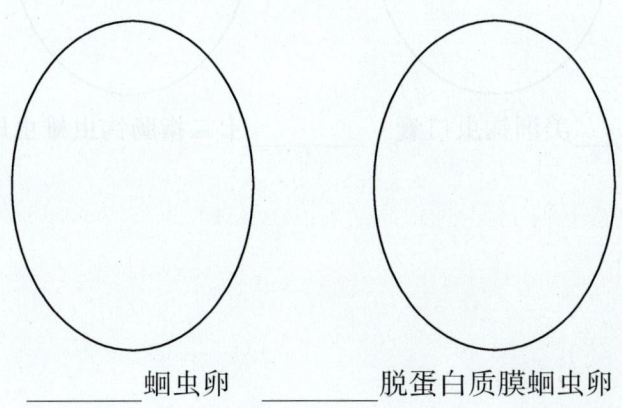

_____蛔虫卵　　_____脱蛋白质膜蛔虫卵

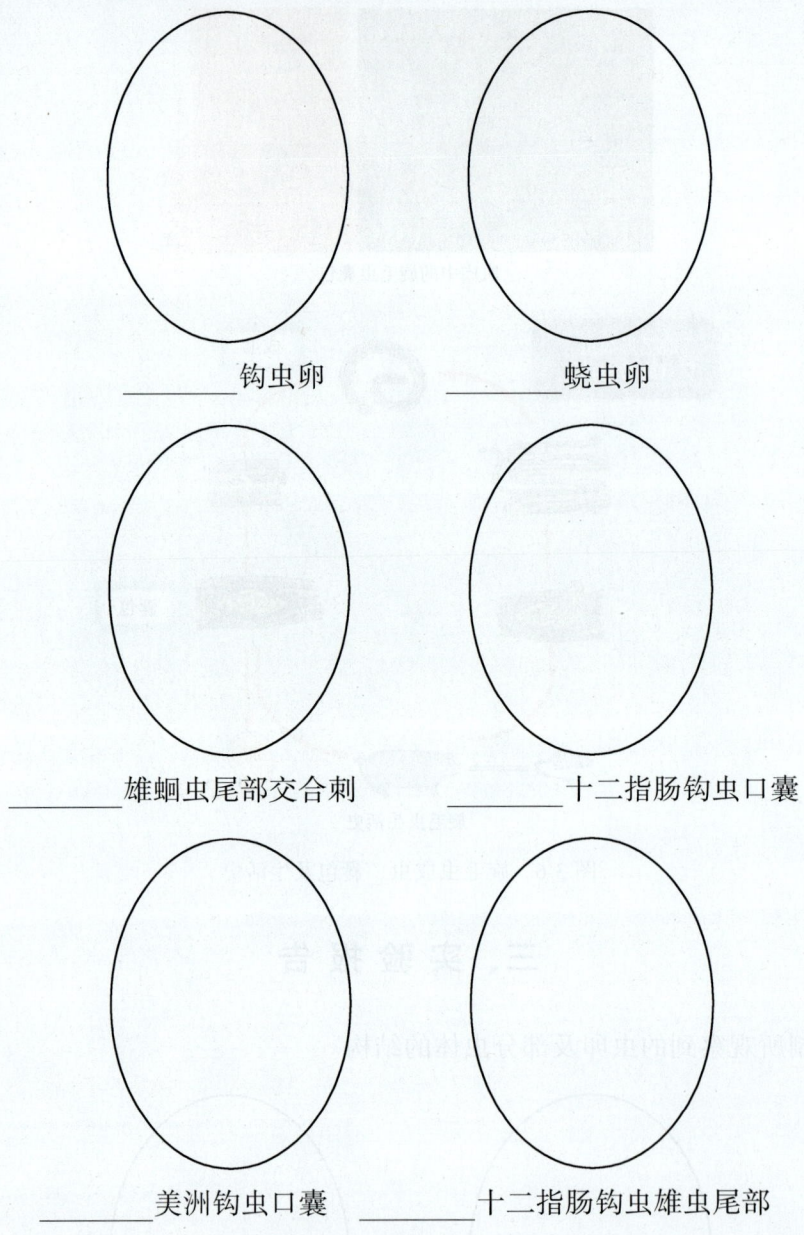

_____钩虫卵　　　　_____蛲虫卵

_____雄蛔虫尾部交合刺　　_____十二指肠钩虫口囊

_____美洲钩虫口囊　　_____十二指肠钩虫雄虫尾部

实验二十六　线　　虫

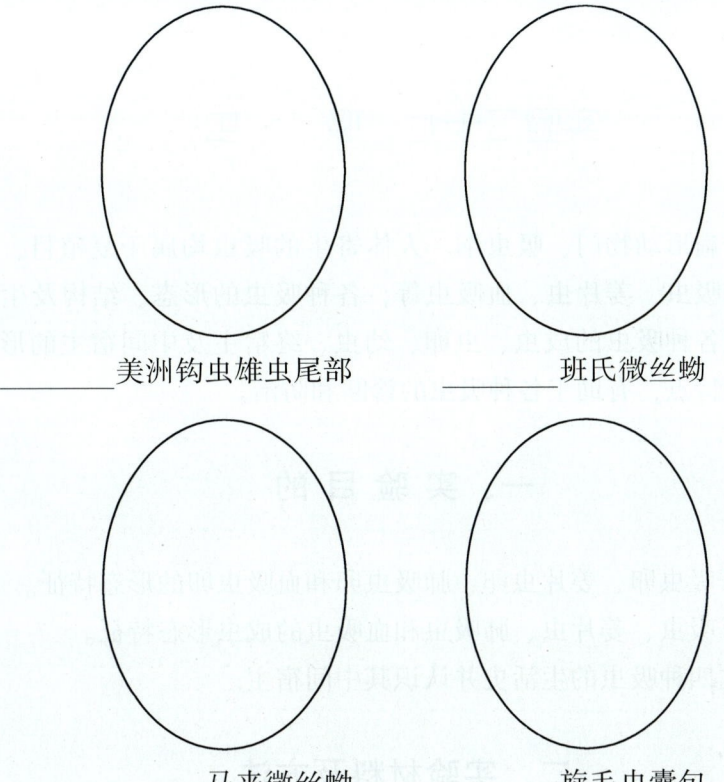

_____美洲钩虫雄虫尾部　　_____班氏微丝蚴

_____马来微丝蚴　　_____旋毛虫囊包

笔记栏

实验二十七　吸　　虫

吸虫属于扁形动物门、吸虫纲。人体寄生的吸虫均属于复殖目，主要包括肝吸虫、肺吸虫、姜片虫、血吸虫等，各种吸虫的形态、结构及生活史基本相似，掌握各种吸虫的成虫、虫卵、幼虫、终宿主及中间宿主的形态、结构及生活史的特点，有助于各种吸虫的诊断和防治。

一、实验目的

1. 熟悉肝吸虫卵、姜片虫卵、肺吸虫卵和血吸虫卵的形态特征。
2. 认识肝吸虫、姜片虫、肺吸虫和血吸虫的成虫形态特征。
3. 了解这四种吸虫的生活史并认识其中间宿主。

二、实验材料及方法

1. 肝吸虫卵、姜片虫卵、肺吸虫卵和血吸虫卵玻片标本或粪便直接涂片标本　以高倍镜仔细观察各种虫卵的形态、大小、颜色、卵壳厚薄及内含物（陈旧标本中，卵内含的毛蚴结构不清，只见轮廓）。

2. 各种吸虫成虫大体玻片标本　用肉眼观察其自然形态、大小、颜色等特点，然后用低倍镜观察虫体的虫体结构（口吸盘、腹吸盘、子宫、受精囊、睾丸等的形状及位置等）。

3. 各种吸虫成虫的浸制标本　注意观察虫体的形态、大小、颜色等。

4. 各种吸虫的中间宿主及媒介物标本
（1）肝吸虫的中间宿主：豆螺及淡水鱼、虾等。
（2）姜片虫的中间宿主及媒介植物：扁卷螺、菱角、荸荠和茭白等。
（3）肺吸虫的中间宿主：川卷螺、石蟹和喇蛄等。
（4）血吸虫的中间宿主：钉螺。

5. 肝吸虫、姜片虫、肺吸虫等感染阶段囊蚴玻片标本　注意观察其形态、大小和结构。

6. 血吸虫幼虫玻片标本（血吸虫尾蚴、毛蚴）。

7. 被血吸虫寄生的兔肠系膜静脉病理标本，血吸虫卵沉积在兔肝等的大体标本（图 3-7～图 3-10）。

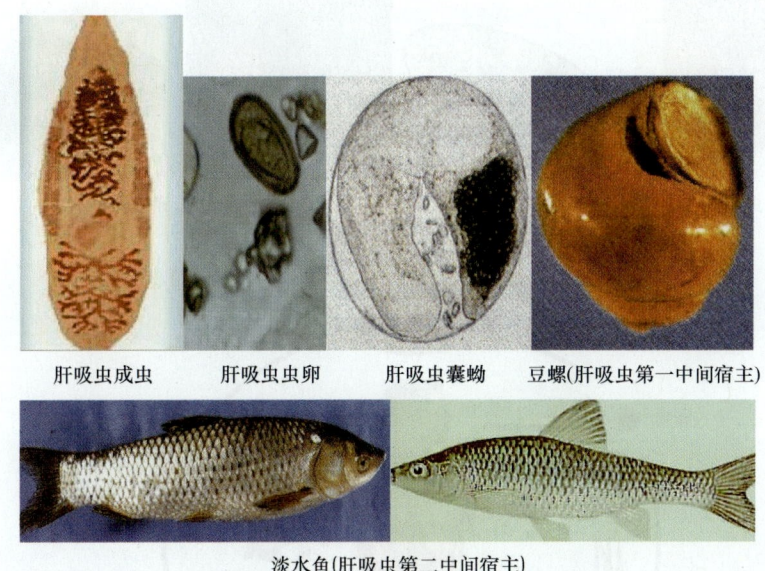

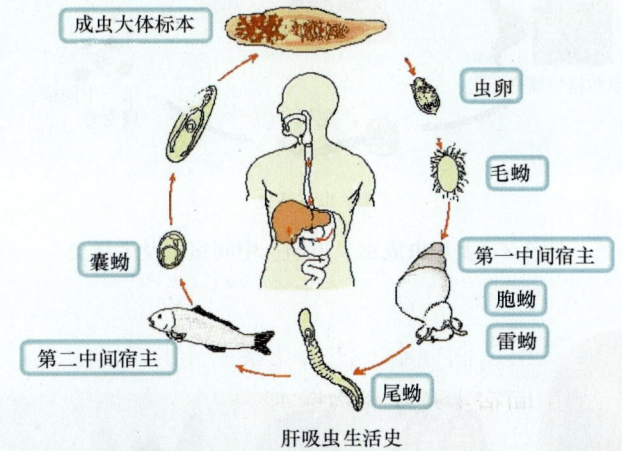

图 3-7　肝吸虫成虫、幼虫、虫卵、中间宿主及生活史

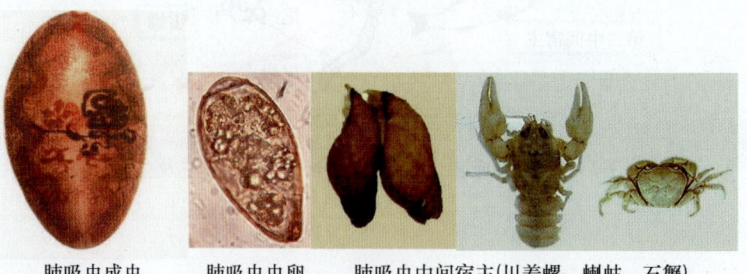

图 3-8　姜片虫成虫、虫卵、中间宿主及生活史

实验二十七　吸　　虫　　115

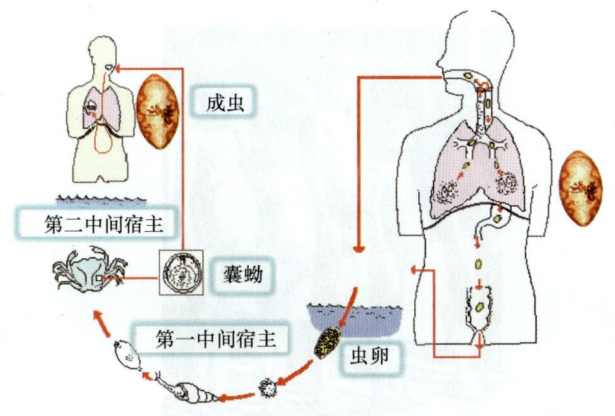

肺吸虫生活史

图 3-9　肺吸虫成虫、虫卵、中间宿主及生活史

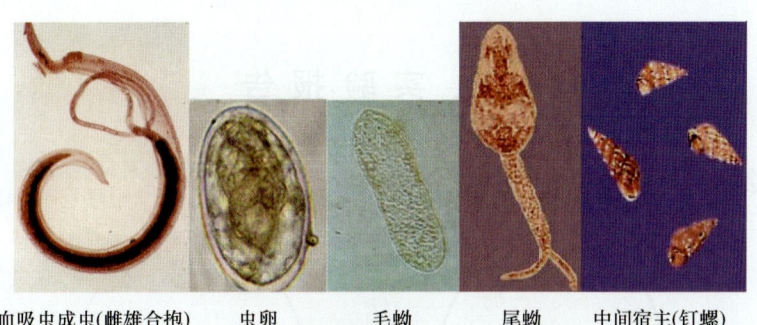

血吸虫成虫(雌雄合抱)　　虫卵　　毛蚴　　尾蚴　　中间宿主(钉螺)

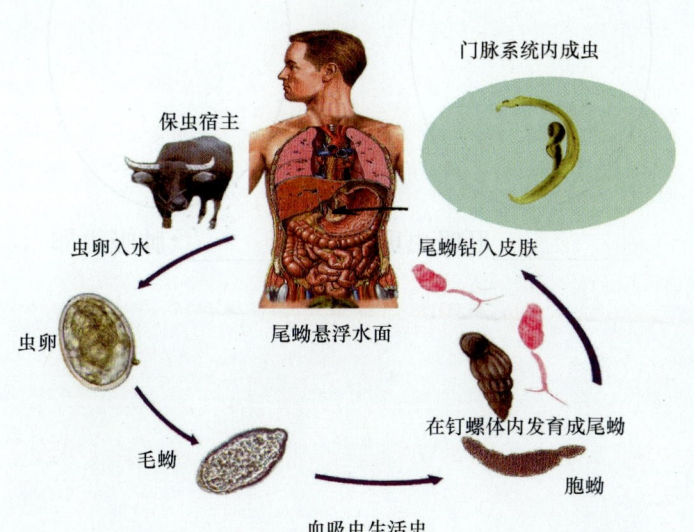

血吸虫生活史

笔　记　栏

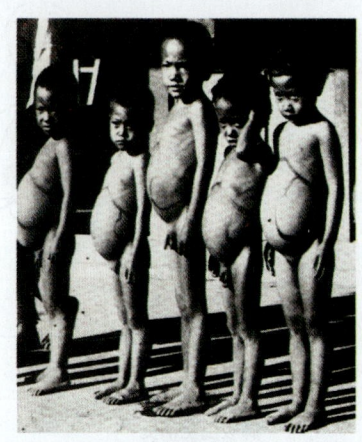

血吸虫患儿

图 3-10　血吸虫成虫、虫卵、幼虫、中间宿主、生活史及晚期血吸虫病（肝腹水）

三、实 验 报 告

1. 绘制各种吸虫虫卵图和部分幼虫形态。

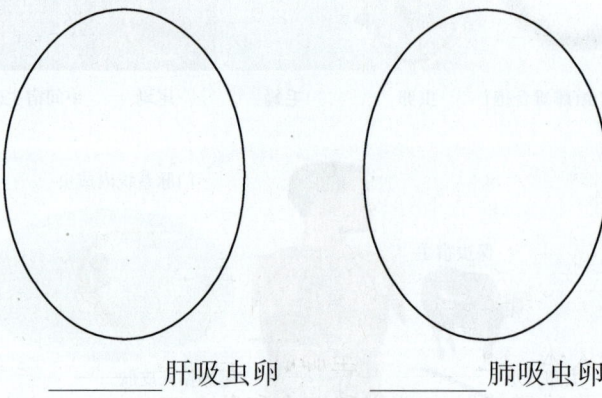

　　　　肝吸虫卵　　　　　　　肺吸虫卵

实验二十七 吸 虫

_____姜片虫卵　　　　　_____血吸虫卵

_____血吸虫尾蚴　　　_____血吸虫毛蚴

2. 填空题。

（1）肝吸虫的第一中间宿主是_____，第二中间宿主是_____，肺吸虫的第一中间宿主是_____，第二中间宿主是_____，姜片虫的第一中间宿主是_____，第二中间宿主是_____。

（2）血吸虫卵随_____排出体外，在_____孵出毛蚴，毛蚴在_____宿主钉螺体内发育成尾蚴自螺体逸入_____，尾蚴接触终宿主人体时由_____感染人体，随_____至肺脏，再通过_____到_____发育为成虫。雌虫在肠系膜静脉末梢产卵，虫卵分布于_____和_____。

3. 描述各种吸虫各期的形态特点及中间宿主。

实验二十八　绦　　虫

绦虫又称带虫，属于扁形动物门纲，该类绦虫均营生生活。包括圆叶目和假叶，主要有链状带绦虫（猪带绦虫）、肥胖带绦虫（牛带绦虫）、细粒棘球绦虫、微小膜壳绦虫、曼氏迭宫绦虫等。

一、实验目的

1. 熟悉各种绦虫卵的形态、大小、颜色等特征。
2. 通过观察各种绦虫生活史中各时期的形态结构，了解各种绦虫的生活史和传播途径。
3. 区别各种绦虫的头节构造、成节、妊娠节片内子宫分枝的特点。
4. 认识包生绦虫成人、幼虫的形态特征及其寄生部位。
5. 认识短膜壳绦虫成虫、虫卵的形态特征。

二、实验材料及方法

1. 猪或牛肉绦虫卵玻片标本　用显微镜仔细观察其形状、大小、颜色、胚膜和内容物（在陈旧标本中，卵内六钩蚴的小钩多模糊不清）。
2. 猪带绦虫囊尾蚴和牛带绦虫囊尾蚴的玻片标本　低倍镜下观察其头节上的吸盘、小钩等结构，注意两者的区别。
3. 猪肉绦虫和牛肉绦虫成虫的大体标本　用肉眼观察其自然形态、大小、颜色等。
4. 猪肉绦虫和牛肉绦虫妊娠节片玻片标本　用肉眼观察或用放大镜观察子宫分枝的多少，并比较两者的区别。
5. 猪肉绦虫和牛肉绦虫头节玻片标本　用低倍镜观察，注意头节形状、吸盘数目、有无顶突和小钩，对比两者的不同。

6. 猪囊尾蚴或牛囊尾蚴寄生的猪肉和牛肉　用肉眼观察囊尾蚴寄生的情况，其形状、大小和颜色等特点（图 3-11、图 3-12）。

7. 棘球蚴砂玻片标本　以低倍镜观察育囊和原头蚴等结构特征（图 3-13）。

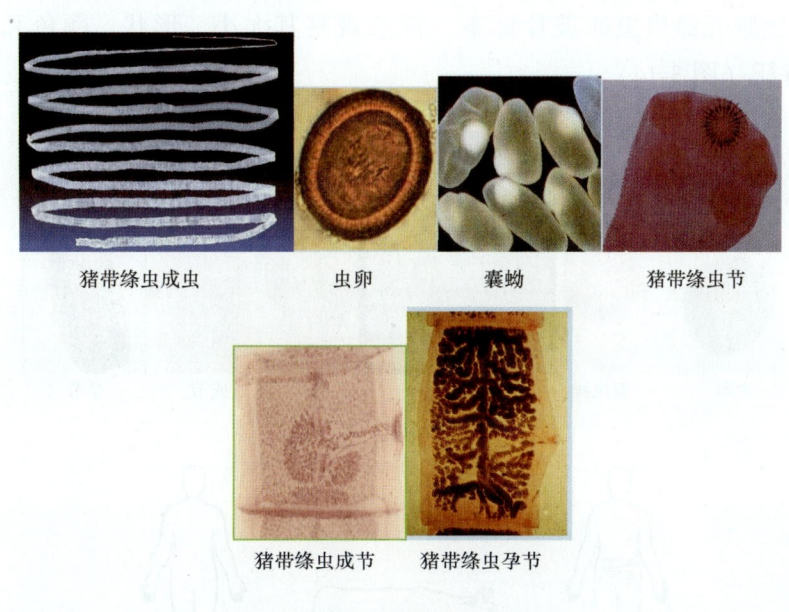

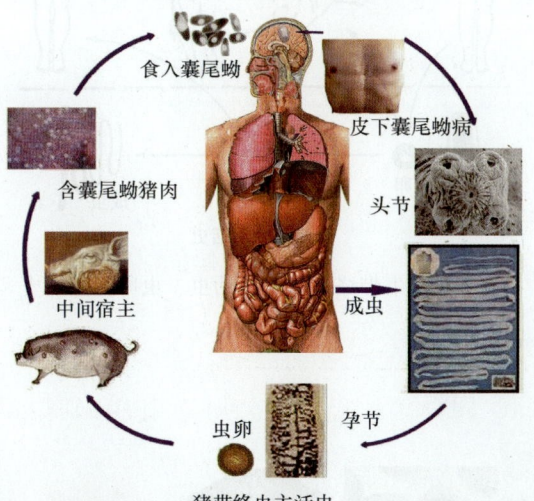

图 3-11　猪带绦虫成虫、幼虫、虫卵、节片及生活史

8. 被棘球蚴寄生的动物（狗）肝脏大体标本。

9. 短膜壳绦虫成虫玻片标本 以低倍镜观察其大小、形状、颜色和头节等结构特征。

10. 短膜壳绦虫虫卵玻片标本 注意观察其大小、形状、颜色和内含物等结构特征（图3-14）。

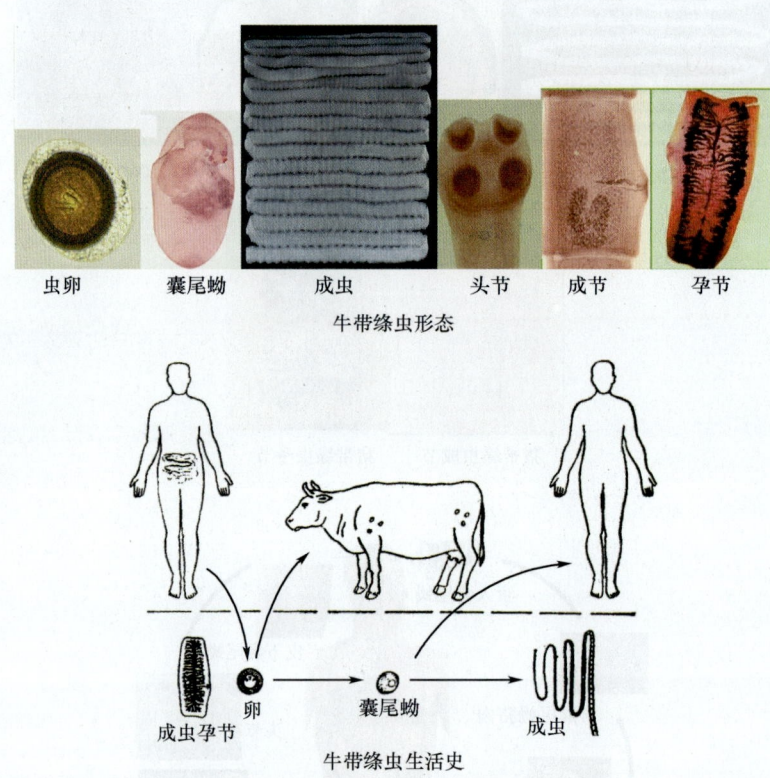

图3-12 牛带绦虫成虫、幼虫、虫卵及生活史

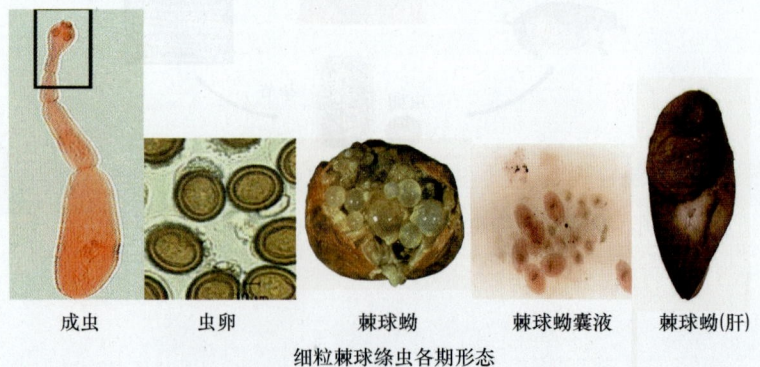

实验二十八　绦　　虫

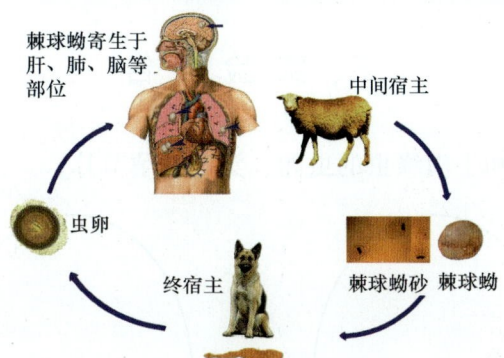

图 3-13　细粒棘球绦虫各期形态及生活史

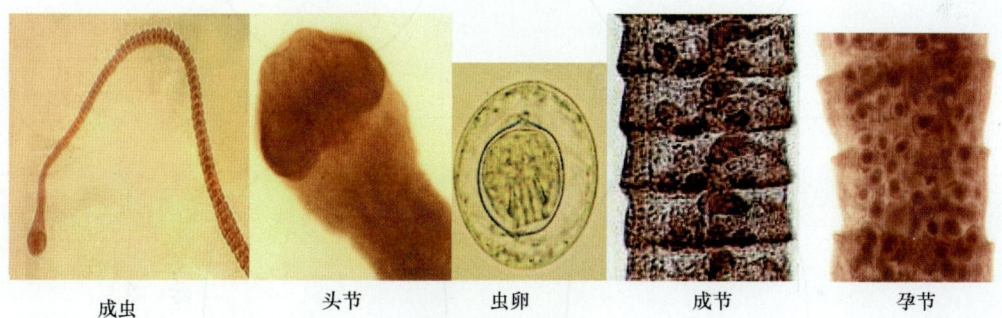

微小膜壳绦虫形态

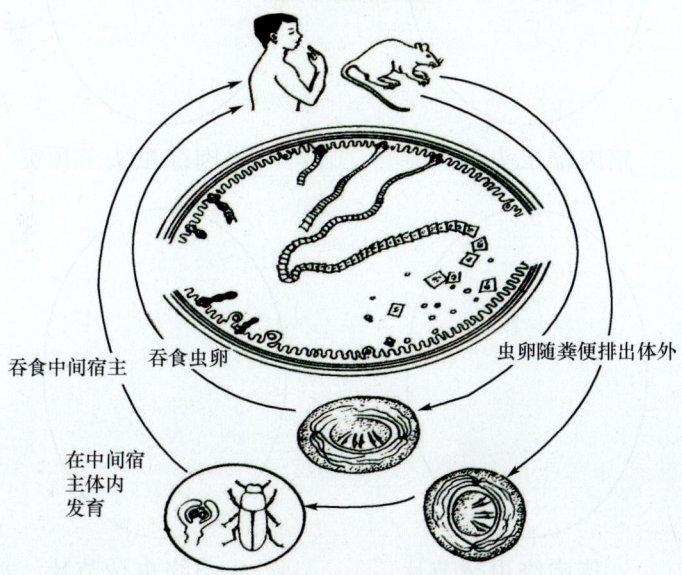

微小膜壳绦虫生活史

图 3-14　微小膜壳绦虫各期形态及生活史

笔记栏

三、实验报告

绘制猪肉绦虫和牛肉绦虫的虫卵、头节和孕节片。

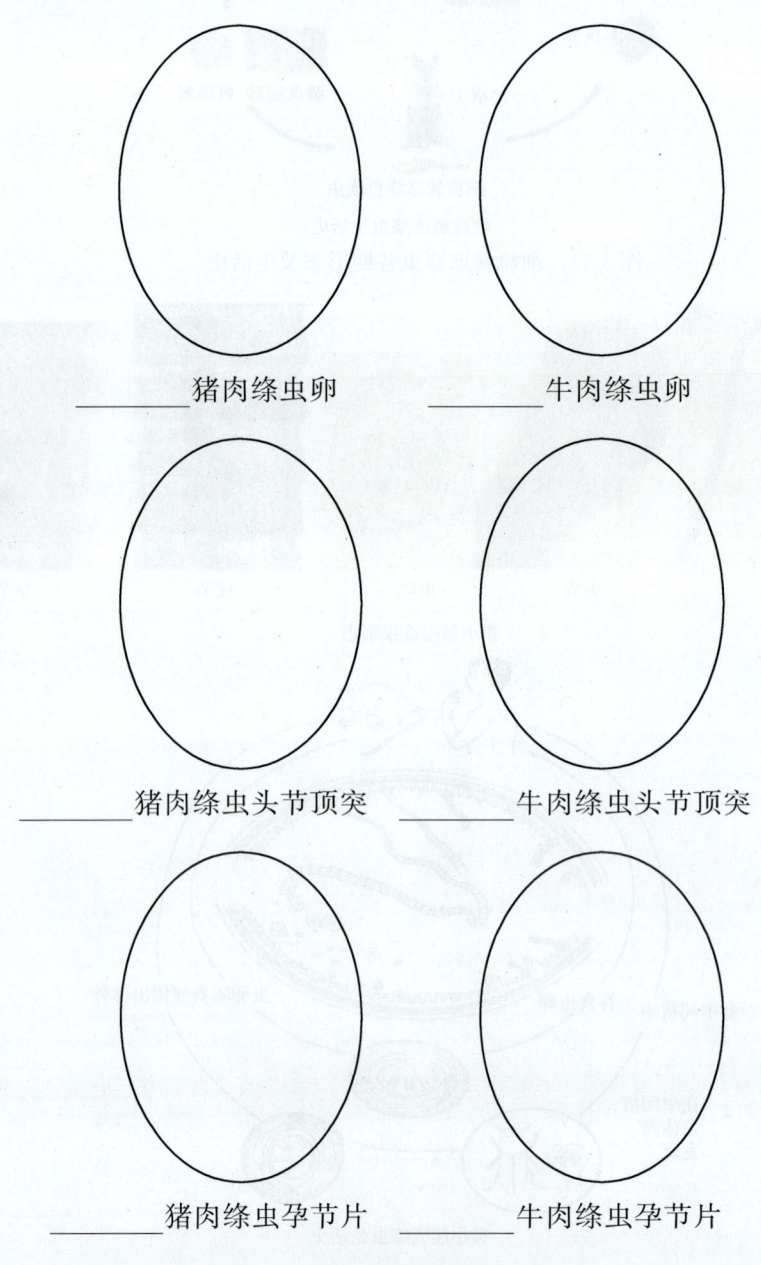

_____猪肉绦虫卵　　　_____牛肉绦虫卵

_____猪肉绦虫头节顶突　_____牛肉绦虫头节顶突

_____猪肉绦虫孕节片　　_____牛肉绦虫孕节片

实验二十九　粪便内虫卵检查

一、直接涂片法

（一）实验目的

初步掌握粪便直涂片检查虫卵的方法。

（二）实验材料

1. 粪便标本　同学自带粪便标本（粪便数量约为红枣大小）。
2. 实验材料　载玻片、竹签、粪便袋、生理盐水、消毒液。

（三）实验方法

1. 制片　取清洁载玻片一张，于中央滴加生理盐水 2~3 滴。以竹签挑取粪便少许，于生理盐水内，制成涂片，粪便涂片应厚薄均匀，以稍呈乳白色为度（或以能透过涂片模糊看清报纸的字迹为宜）。
2. 观察　置于低倍镜下，光线调低为宜，对准涂片，从边缘开始来回顺序推动移动器，仔细寻找虫卵。找到虫卵后，应将虫卵移至视野中央，认真鉴定为何种虫卵，必要时可换高倍镜观察。

注意：检查时应将整个涂片看完，不能遗漏。如果检查为阴性时，应连续检查 3 张涂片，可提高检出率。

二、饱和盐水漂浮法

（一）实验目的

根据虫卵比重小于饱和盐水的基本原理，使虫卵浮集于液面，达到集中虫卵的目的。其视野清晰，特别适于各种寄生虫虫卵的检查，尤其是钩虫卵的检查。

(二) 实验材料

1. 标本　同学自带粪便标本（粪便数量约红枣大小）。

2. 其他　载玻片、漂浮杯（或其他代用品）滴管、竹签、粪便袋、饱和盐水和消毒液。

(三) 实验方法

1. 制片　用竹签挑取黄豆大小的粪便放入漂浮杯中（亦可用青霉素小瓶），加少量饱和盐水，充分搅拌成粪浆，弃去竹签。用滴管继续滴加饱和盐水至略高出杯口而不溢出为度。取一洁净玻片盖在口上，使与液面完全接触，勿有气泡，静置10~20分钟。垂直提起并迅速反转玻片。

2. 观察　置镜下检查，观察方法与直接涂片法基本相同（图3-15）。

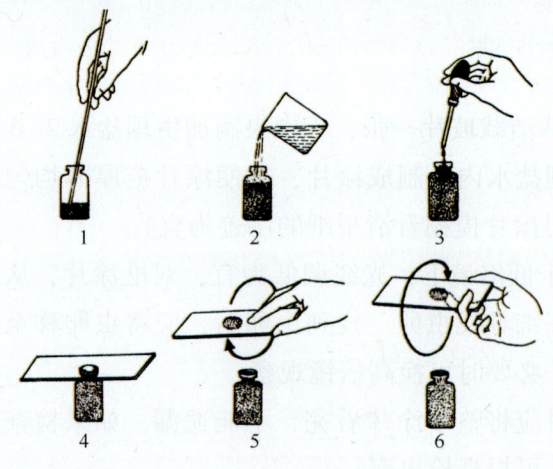

图 3-15　饱和盐水漂浮法

(四) 注意事项

1. 饱和盐水应加至液面略高出杯口，盖上载玻片正好与液面接触，过少会出现气泡，过多则外溢，均影响检查结果。

2. 粪块要充分搅拌，使虫卵游离出来，漂浮于液面，以提高检查效果。

3. 漂浮时间不宜过久，以免虫卵变形。

三、实 验 报 告

1. 通过实验结果，比较直接涂片法和饱和盐水法的优缺点。
2. 统计你所在实验室同学查出的虫卵阳性率。

实验三十　医学原虫检查

原虫为单细胞真核动物，种类繁多，分布广泛，多数营寄生生活，对人具有致病作用的原虫称为医学原虫，常见有了溶组织内阿米巴原虫（痢疾阿米巴）、阴道毛滴虫、疟原虫及结肠小袋纤毛虫等。

一、实 验 目 的

1. 熟悉溶组织内阿米巴滋养体和包囊的形态特征。
2. 认识阴道毛滴虫的形态特征。
3. 了解蓝氏贾第鞭毛虫的形态特征。
4. 认识间日疟原虫在人体红细胞内各期的形态特征。

二、实验材料及方法

1. 痢疾阿米巴滋养体活体标本　由痢疾患者粪便标本、人工培养，或以其他自由生活阿米巴代替（形态与痢疾阿米巴相似），注意观察其伪足活动的情况。

2. 痢疾阿米巴大滋养体玻片标本（铁苏木素染色）　以油镜观察其内外质的区别，伪足形状，内质里有无红细胞，以及核的结构及特征（核仁、染色质颗粒）。

3. 痢疾阿米巴包囊新鲜或固定标本涂片（碘液染色）　以高倍镜注意观察其囊壁、核的形状及数目、囊内有无糖原块、颜色与形状。

4. 痢疾阿米巴包囊玻片标本（铁苏木素染色）　以油镜观察包囊的大小、形状、核的数目和结构，有无拟染色体和糖原块空泡（即糖原泡）（图3-16）。

5. 阴道毛滴虫活体标本（阴道分泌物涂片或培养而得）　以高倍镜观察，注意其活动情况。

笔记栏

实验三十　医学原虫检查

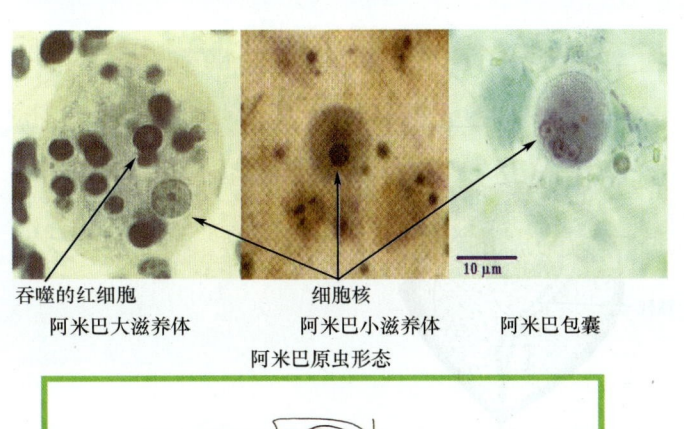

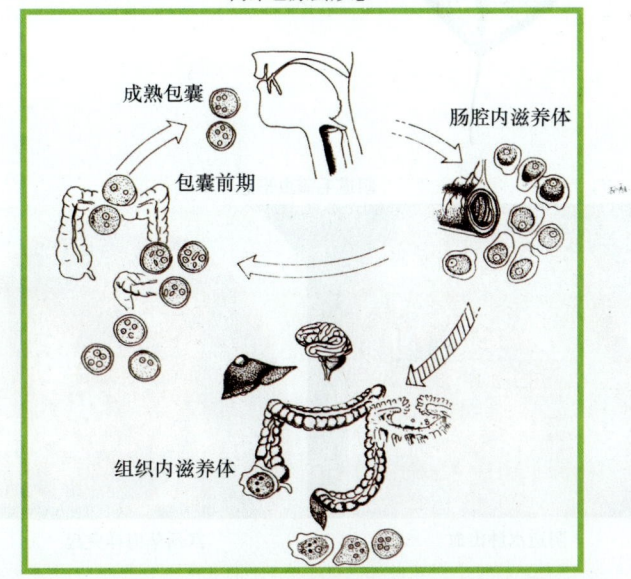

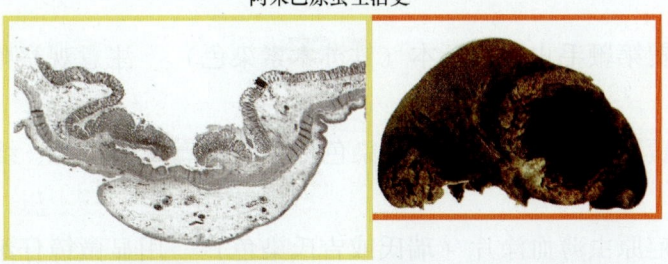

图 3-16　痢疾阿米巴原虫形态、生活史及病理变化

6. 阴道毛滴虫玻片标本（瑞氏、吉氏或铁苏木素染色）　以油镜观察阴道毛滴虫的大小、形状、鞭毛数目、核、轴柱、波动膜等结构（图 3-17）。

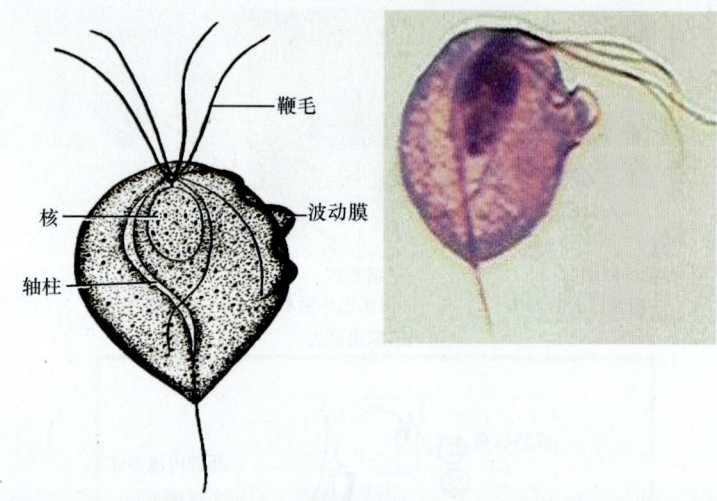

阴道毛滴虫形态

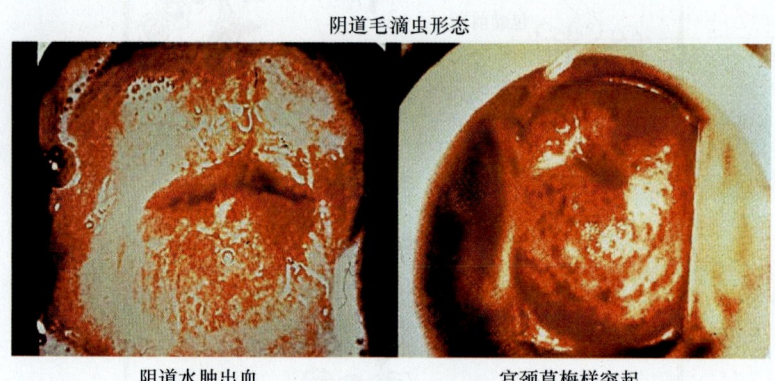

阴道水肿出血　　　　　　　　宫颈草梅样突起

图 3-17　阴道毛滴虫形态及病理变化

7. 蓝氏贾第鞭毛虫玻片标本（铁苏木素染色）　注意观察鞭毛虫的形态特点。

8. 蓝氏贾第鞭毛虫包囊、碘液染色标本　注意观察形态、结构特点（图 3-18）。

9. 间日疟原虫薄血涂片（瑞氏或吉氏染色）　用显微镜仔细观察疟原虫在红细胞内的形态，环状体、滋养体、配子体的形态。

10. 间日疟原虫厚血涂片　注意观察间日疟原虫在红细胞破坏后的形态特征。

实验三十　医学原虫检查

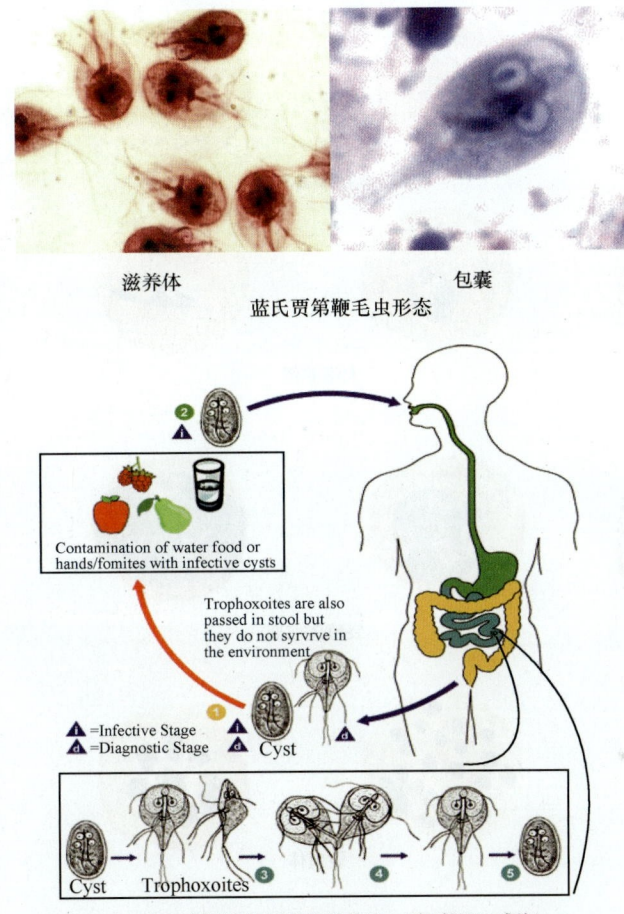

图 3-18　蓝氏贾第鞭毛虫形态及生活史

11. **间日疟原虫红细胞内各期形态玻片标本（瑞氏或吉氏染色）**　用油镜观察形态较为典型的环状体、大滋养体、未成熟裂殖体、成熟裂殖体及配子体。注意观察被感染红细胞的大小与染色反应，有无薛氏小点，疟原虫细胞质的颜色、疟色素颗粒的颜色及分布情况。

12. **恶性疟原虫薄血膜片**　注意观察其小滋养体与配子体的形态特征（图 3-19、图 3-20）。

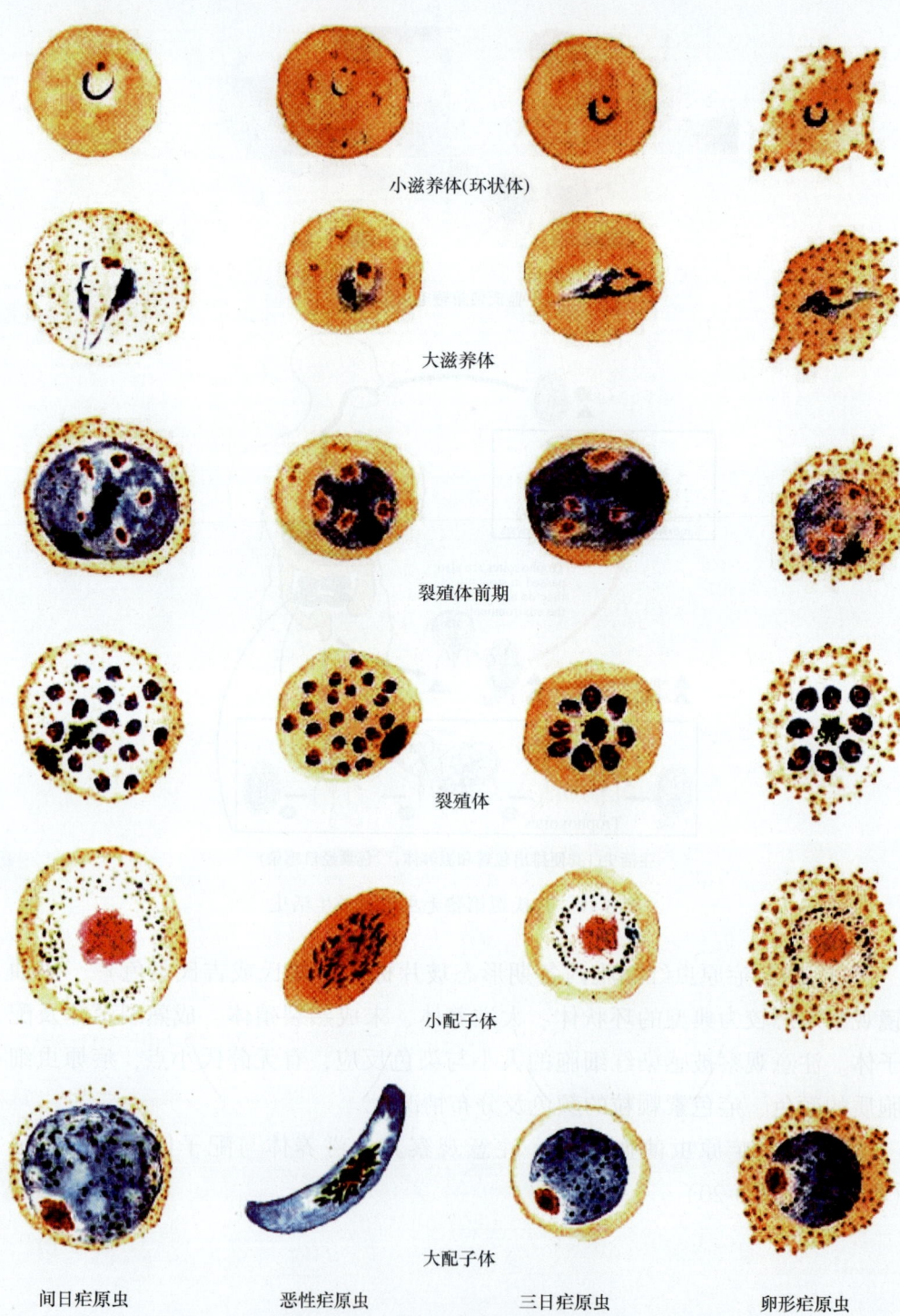

图 3-19 疟原虫形态及生活史

实验三十　医学原虫检查　131

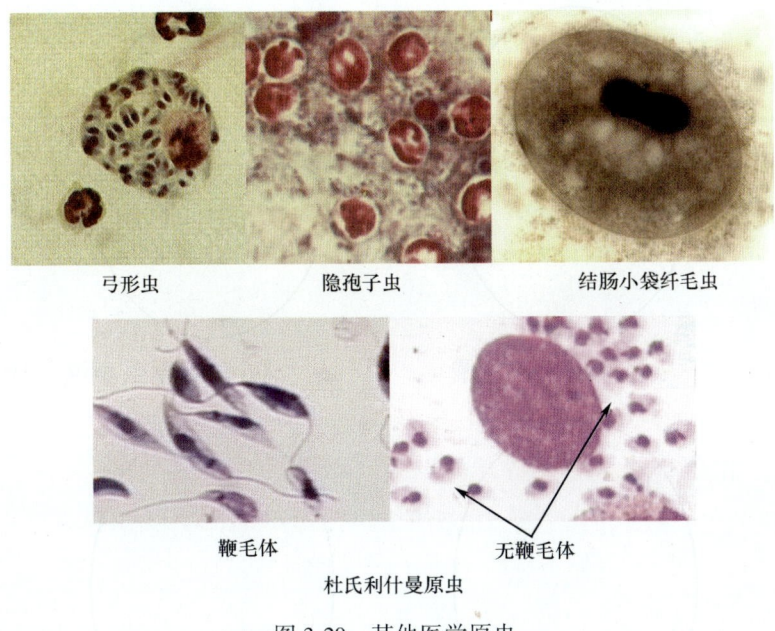

弓形虫　　　　　隐孢子虫　　　　　结肠小袋纤毛虫

鞭毛体　　　　　无鞭毛体

杜氏利什曼原虫

图 3-20　其他医学原虫

三、实验报告

1. 绘制下列原虫的镜下形态

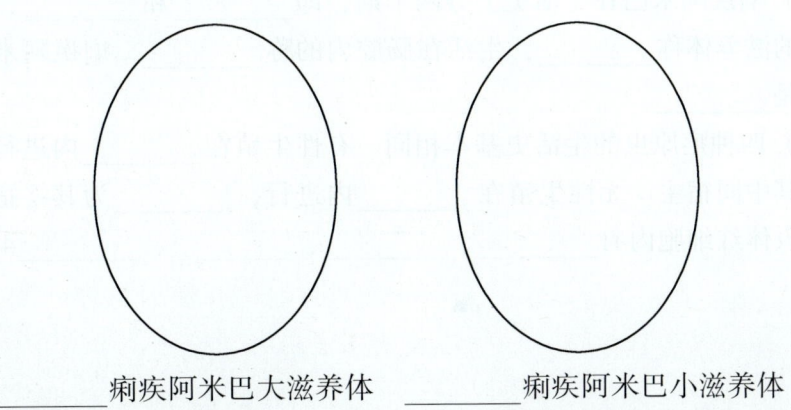

_____痢疾阿米巴大滋养体　　_____痢疾阿米巴小滋养体

_____痢疾阿米巴包囊　　　　　_____间日疟原虫小滋养体

_____间日疟原虫大滋养体　　　　_____间日疟原虫成熟裂殖体

2. 根据实验观察填空

（1）痢疾阿米巴在生活史上分两个期，即_____和_____，寄生于组织内的滋养体称_____，生活在肠腔内的称_____，痢疾阿米巴的感染阶段是_____。

（2）四种疟原虫的生活史基本相同。有性生殖在_____内进行，_____为其中间宿主。无性生殖在_____内进行，_____为其终宿主。疟原虫在人体红细胞内有_____、_____、_____、_____ 4个发育阶段。

实验三十一　医学节肢动物

节肢动物是一类无脊椎动物中最大的一个门类，分类上属于节肢动物门。其种类繁多，分布广泛，占世界上动物种类总数的87%。与医学有关的节肢动物称之为医学节肢动物。医学节肢动物可直接致病，也是多种传染病的传播媒介。

一、实验目的

1. 认识蚊、蝇成虫的形态特征及其虫卵、幼虫、蛹的一般形态特征。
2. 了解蚤、虱、蜱成虫及恙螨幼虫的形态特征。

二、实验方法

1. 用放大镜或低倍镜观察按蚊、库蚊、伊蚊成虫的针插标本，观察成蚊的形态、体色、口器、触角、触须、翅、足及腹部等特征。
2. 用放大镜或低倍镜观察蚊卵、幼虫及蛹的一般形态特征（图3-21）。
3. 用放大镜观察家蝇、绿蝇、成虫、卵、幼虫及蛹的瓶装标本。

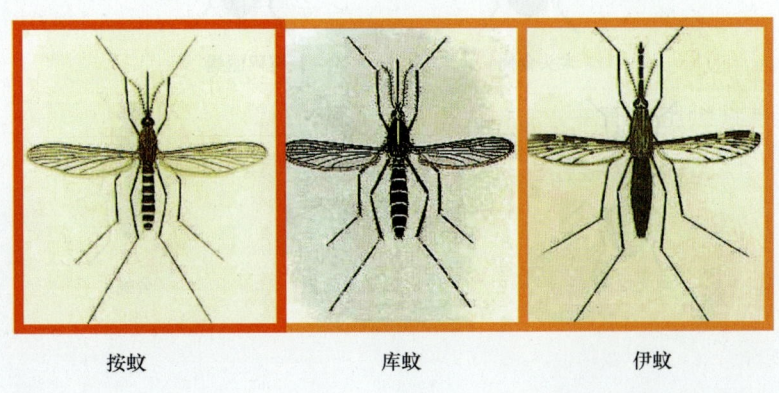

按蚊　　　　　　　库蚊　　　　　　　伊蚊

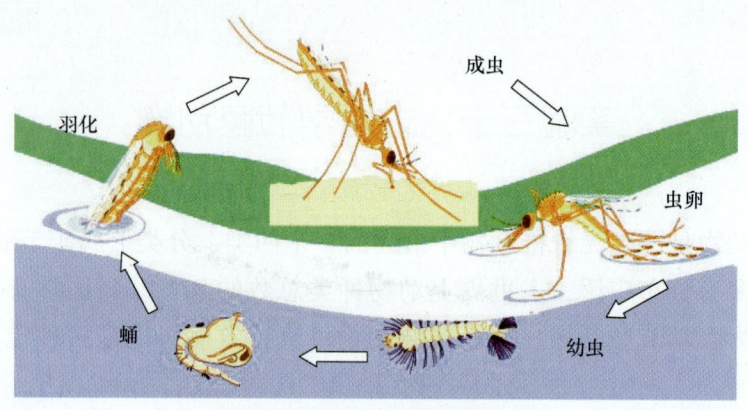

蚊生活史(成蚊、卵、幼虫及蛹)

图 3-21 蚊成虫及生活史

4. 用低倍镜观察蝇头部及足垫玻片标本：观察头部复眼、触角、口器及蝇足的爪及爪垫和细毛（图 3-22）。

5. 用放大镜或低倍镜观察蚤、虱、螂成虫玻片标本：观察其体形、分部、色泽、喙、足及抓握器的形态特征。

6. 放大镜或低倍镜观察恙螨幼虫玻片标本：观察外形特点、分部与盾板（图 3-23）。

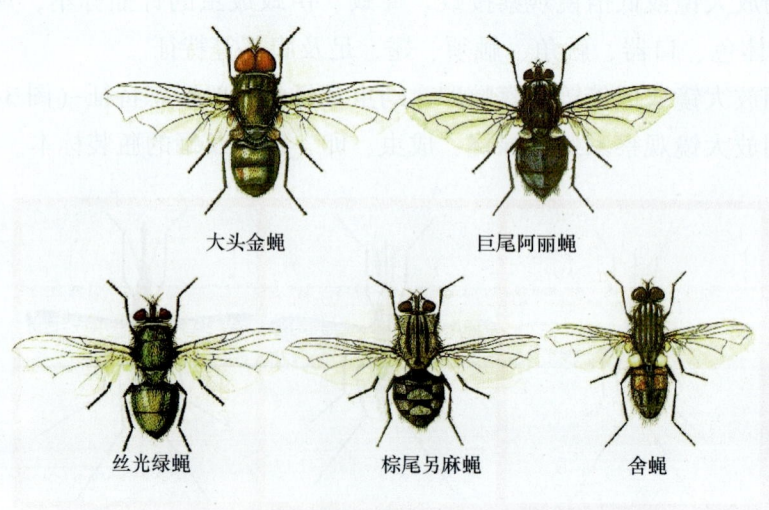

实验三十一　医学节肢动物　135

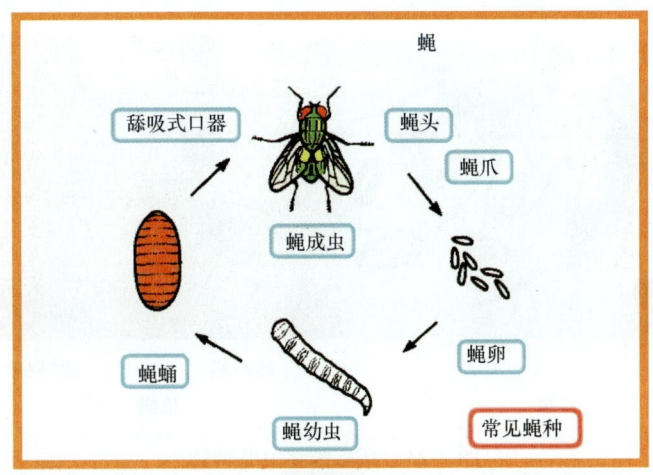

蝇生活史

图 3-22　蝇形态及生活史

蚤　　　　　　体虱　　　　　　耻阴虱

蜱　　　　　　恙螨　　　　　　蠕形螨

粉螨　　　　　尘螨　　　　　　白蛉

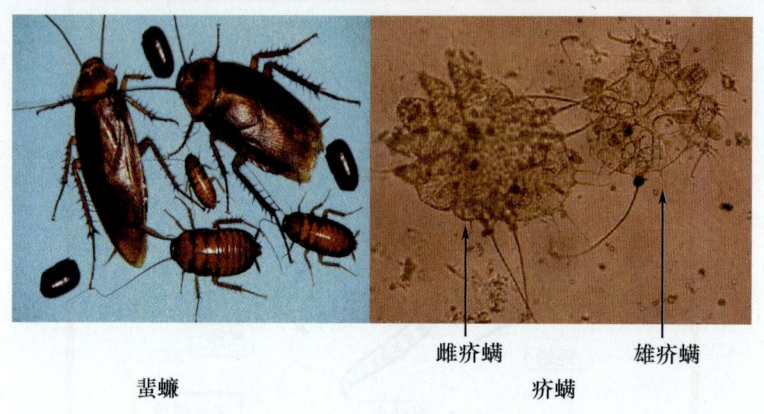

　　　　　蜚蠊　　　　　　　　　疥螨
　　　　　　　　　　　　　　雌疥螨　　　　雄疥螨

图 3-23　其它医学节肢动物

三、实 验 报 告

1. 蚊口器、蝇头部和足垫有何特点？三者与传播疾病有何关系？
2. 填空。

（1）蚊、蝇为全变态昆虫是因为要经过_____、_____、_____、_____4 个发育阶段。虱、蜱及恙螨为半变态昆虫是因为经过_____、_____、_____3 个发育时期或经过_____、_____、_____、_____4 个发育时期。

（2）蚊是因为有_____吸取人和动物的血液而传播疾病的；蝇是由于全身有_____，尤其在_____和_____上有能分泌黏液的_____，所以可沾染并携带大量的病原体，由于其可将病原体污染食品，所以易引发消化道感染。